모든 것이 결핵이다

EVERYTHING IS TUBERCULOSIS:
The History and Persistence of Our Deadliest Infection
Copyright © 2025 by John Green

All rights reserved including the right of reproduction in whole or in part in any form.
No part of this book may be used or reproduced in any manner for the purpose of
training artificial intelligence technologies or systems.
This Korean edition was published by CUM LIBRO in 2025
by arrangement with Crash Course Books, an imprint of Penguin Young Readers Group,
a division of Penguin Random House LLC through KCC(Korea Copyright Center Inc.), Seoul.

이 책은 (주)한국저작권센터(KCC)를 통한 저작권자와의 독점계약으로
도서출판 책과함께에서 출간되었습니다.
저작권법으로 보호를 받는 저작물이므로 무단전재 및 무단복제를 금합니다.

희망과 비극의 의학사

모든 것이 결핵이다

존 그린 지음 | 정연주 옮김

책과함께

일러두기

- 이 책은 John Green의 EVERYTHING IS TUBERCULOSIS(2025)를 우리말로 옮긴 것이다.
- 옮긴이가 덧붙인 설명은 〔 〕로 표시했다.

슈레야 트리파티Shreya Tripathi,

헨리 라이더Henry Reider,

그리고 결핵과 싸우는 전 세계 모든 분들께

이 책을 바칩니다.

들어가며

그레고리와 스톡스

19세기가 막 시작될 무렵, 영국 스코틀랜드의 기술자이자 화학자 제임스 와트James Watt는 새로운 프로젝트에 착수했다. 와트는 이미 증기기관의 효율을 획기적으로 개선해 명성을 얻고 성공을 누렸으며, 인류의 역사를 바꾸는 데 크게 이바지한 인물이었다. 증기기관은 훗날 에어컨부터 항공여행, 에어팟에 이르기까지 수많은 발명의 토대가 되었지만, 동시에 지구 대기에 수조 톤의 이산화탄소를 방출해 기후를 바꿔놓기도 했다. 와트의 혁신은 너무나 강력해 그의 이름을 전력의 기본 단위로 삼을 정도였다. 그 외에도 와트는 인류가 축적해 온 도구와 지식의 체계에 크게 공헌했다. 이를테면 조각품을 복제하는 기계를 고안하거나, 섬유 염소표백제 제조를 구상하기도 했다.

하지만 와트가 진정으로 가장 중요하게 생각하던 프로젝트는 따로 있었다. 그가 집착하듯 매달렸던 것은 바로 폐에 생기는 병의 화학적 치료법을 찾는 것이었는데, 의사들 사이에서는 '폐병phthisis'으로 불렸다.

와트의 딸 제시는 1794년, 열다섯의 나이에 폐병으로 세상을 떠났다. 이번에는 아들 그레고리가 같은 병을 앓았는데 지속적인 기침, 식은땀, 발열, 체중 감소 등 폐병의 전형적인 증상을 보였다. '소모병consumption'이라는 별칭처럼 말이다. 그레고리는 말솜씨가 뛰어난 데다 누구나 눈길을 줄 만큼 아름다운 외모의 20대 초반 청년이었다. 한 친구의 말로는 '실제로 본 인물 중 가장 아름다운 청년'이었다고 한다.

와트는 그레고리를 살리기 위해 필사적으로 노력한 끝에 아산화질소를 폐에 주입하는 장치를 고안했다. 산소의 비율을 조절하면 몸이 치유될 수 있으리라 믿었던 것이다. 하지만 그 치료법은 효과를 보지 못했다. 수년간의 투병 끝에 그레고리는 1804년, 스물일곱의 나이에 폐병으로 숨을 거뒀다.

1900년이 되자 사람들은 오랫동안 '폐병'이라 부른 병을 새로운 이름인 '결핵tuberculosis'으로 부르기 시작했다. 그해, 나의 외조부의 형인 스톡스 굿리치Stokes Goodrich가 미국 테네시 주 시골에서 태어났다. 스톡스는 외증조부 찰스 굿리치Charles Goodrich께서 손수 지으신 목조 주택에서 어린 시절을 보냈다. 시골 의사였던 외증조부는 말을 타고 프랭클린 카운티 전역을 누비며 밤낮없이 아기를 받아내고 약을 전달하곤 하셨다.

스톡스는 병약한 아이였다. 지금도 어쩌면 마찬가지겠지만 그 시절에는 질병을 어떤 기능의 결함이나 실패, 혹은 과거의 잘못과 연결 짓는 일이 흔했다. 18세기 초, 독일의 어떤 의사조차 한 여성 환자가 앓던 치명적 질병의 원인이 '환자를 향해 크게 짖는 개' 때문이라고 기록한 적이 있다. 어린 스톡스는 친지가 커피와 단것을 먹인 탓에 병이 생겼다고들 했다. 훗날 외증조부는 가족을 위한 짧은 회고록에 이렇게 남겼다. "스톡스는 내가 회복을 지켜본 장티푸스 환자들 가운데 가장 상태가 심각했다."

1918년, 스톡스가 열여덟 살이 되던 해 독감(일명 스페인 독감)이 확산했다. 당시 탄약 공장에서 일하던 스톡스는 독감에 걸려서 또 한 번 거의 죽을 고비를 넘겼다. 간신히 살아난 뒤 1920년에는 앨라배마 주로 가서 앨라배마 전력회사의 배선공으로 일하기 시작했다. 그러나 이후에도 오랜 시간 병치레를 반복했다. 단순 기관지염이면 좋았겠지만 기침은 좀처럼 떨어지지 않았고, 결국 피를 토하고 나서야 병원을 찾았다.

그후 일어난 일을 외증조부께서 기록하신 내용은 다음과 같다. "스톡스는 앨라배마 주 개즈든 지역의 뛰어난 의사를 찾아갔다. X선 촬영 결과 오른쪽 폐 꼭대기에서 결핵이 발견됐다. X선 사진을 찍어준 기사가 말하길 '굿리치 선생님, 아드님은 좁쌀 결핵miliary tuberculosis입니다. 저는 이 병에 걸리고 두 달 넘게 산 사람을 본 적이 없습니다'라고 했다." 이후 스톡스는 노스캐롤라이나 주 애슈빌의 요양소에 입소했는데, 당시 애슈빌은 결핵 환자 거류지 역할을 하던 수많은 미국 도시 중 하나였다. 그러나 "스톡스는 요양소에서 최선의 치료를 받았는데도 상태가 점점 나빠졌다. 1930년 5월 18일, 결국 주님 곁으로 떠나버렸다."

내 외조부의 형 스톡스는 겨우 스물아홉이었다. 숙련된 의사임에도 아들을 병에서 구하지 못하는 외증조부의 심정이 어떠셨을지 가끔 생각해 보곤 한다. 얼마나 무력감이 깊으셨을까.

우리는 밤에도 세상을 밝히고 인위적으로 음식을 냉장하며 지구 대기를 뚫고 우주를 유영하는 강력한 존재가 되었다. 하지만 사랑하는 이의 고통은 막을 수 없다. 내가 이해하기로 인류 역사는 참 많은 것을 할 수 있으면서도 정작 가장 원하는 것은 하지 못하는 존재의 이야기다.

제시와 그레고리 와트 남매가 눈을 감은 지 200년, 그리고 내 외조부의 형 스톡스가 사망한 지도 어느덧 100년이 흘렀다. 그런데도 2023년 한 해에만 1백만 명 넘게 결핵으로 사망했다. 말하자면 같은 해 결핵으로 목숨을 잃은 사람 수는 말라리아와 장티푸스로 인한 사망자와 전쟁 전사자를 모두 합친 수보다 많다.

불과 지난 200년간 결핵은 10억 명이 넘는 목숨을 앗아갔다. 프랭크 라이언Frank Ryan이 《결핵: 전혀 알려지지 않은 엄청난 이야기 Tuberculosis: The Great Story Never Told》에서 추정한 바로는 지금까지 세상을 살다 간 인류 일곱 명 중 한 명은 결핵으로 사망했다고 한다. 물론 코로나19가 2020년부터 2022년까지 일시적으로 결핵을 제치고 세상에서 가장 치명적인 감염병 자리를 차지했지만, 2023년에 결핵은 전체 인류 역사에서 으레 차지해 온 그 자리를 되찾았다. 125만 명의 사망자를 내고서 말이다. 지금이 1804년, 1904년과 결정적으로 다른 점이 있다면 이제 결핵은 치료 가능한 질병이라는 점이다. 심지어 1950년대 중반부터 이미 치료할 수 있었다. 우리는 결핵 없는 세상에서 사는 방법을 알고 있다. 하지만 우리는 그 세상에서 사는 길을 선택하지 않았다.

2000년, 우간다의 의사 피터 무제니Peter Mugyenyi는 부유국들이 HIV(사람면역결핍바이러스)/AIDS(후천성면역결핍증후군) 치료제의 접근성을 확대하지 않는 현실을 비판하며 연설한 바 있다. 당시 매년 수백만 명이 에이즈로 목숨을 잃고 있었다. 안전하고 효과적인 항레트로바이러스 치료가 실은 이미 존재하고 있었으며, 제때 치료만 했더라면 대부분의 생명을 살릴 수 있었던 상황이었다. 피터 무제니가 말했다. "약은 어디에 있을까요? 약은 병이 없는 곳에 있습니다. 그렇다면 병은 어디에 있을까요? 병은 약이 없는 곳에 있습니다."

결핵도 마찬가지다. 올해도 수천 명의 의사가 수백만 명의 결핵 환자를 돌보겠지만, 외증조부가 아들을 살리지 못했듯이 이 의사들 또한 많은 환자를 구하지 못할 것이다. 치료제는 질병이 없는 곳에 있고, 질병은 치료제가 없는 곳에 있기 때문이다.

이 책은 그 치료법에 관한 이야기다. 왜 1950년대가 되어서야 결핵 치료법을 찾을 수 있었는지, 왜 그후 수십 년이 지나도록 1억 5천만 명이 넘는 결핵 환자들을 죽게 내버려뒀는지에 관한 이야기다. 내가 결핵에 관해 쓰기 시작한 이유는 하나의 질병이 어쩌면 그렇게 조용히 인류 역사의 많은 부분을 형성할 수 있었는지 이해하고 싶어서였다. 하지만 그 과정에서 결핵이 단순한 병이 아니라 불의의 한 형태이자 표현임을 알게 되었다. 또한 질병에 대해 어떤 상을 그리는지에 따라 사회와 우선순위가 결정된다는 사실도 말이다. 예컨대 제임스 와트는 결핵을 폐가 적정비율로 기체를 흡입하지 못하는 '기계적 고장'이라 이해했다. 외증조부는 아들이 병약했던 이유가 어릴 적 커피와 단것을 먹었기 때문이라고 믿으셨다. 또 어떤 사람들은 결핵을 특정한 성격 유형에 영향을 미치는 유전병이라고 했다. 악령에 쓰여서, 공기가 오염되어서, 혹은 신의 심판이나 위스키 때문이라고 주장하는 이들도 있었다. 결핵을 인식하는 방식 하나하나가 사람들이 결핵에 걸렸을 때 어떻게 살고 어떻게 죽었는지를 결정했을 뿐만 아니라, 누가 살고 죽을지도 결정지었다.

오늘날 우리는 결핵이 결핵균인 미코박테리움 튜버클로시스 Mycobacterium tuberculosis로 인한 감염병임을 알고 있다. 결핵은 공기로 전파된다. 즉 기침, 재채기, 숨을 내쉴 때 나오는 비말을 통해 사람에게서 사람으로 옮긴다. 결국 누구나 결핵에 걸릴 수 있다. 실제로 현재 살아 있는 사람의 4분의 1 내지 3분의 1명이 결핵에 걸린 상태다. 감염자 대부분은 평생 잠복 상태로 남는다. 하지만 그중 최대 10퍼센트는 결국 발병하는데, 이를 '활동성 결핵active TB'이라 부른다. 특히 당뇨병, HIV 감염, 영양실조 등으로 면역 체계가 약화된 사람일수록 활동성 결핵으로 발병할 우려가 크다. 실제로 2023년에 결핵을 앓은 1천만 명 중 5백만 명 이상이 영양실조 상태이기도 했다. 그리고 슬럼가나 환기가 잘 안 되는 공장과 같이 밀집된 주거 환경과 노동 환경에서 결핵이 특히 잘 감염되어 빈곤의 병으로 여겨지게 되었다. 즉 우리가 만들어 놓은 '불의'와 '불평등'의 자취를 따라 걷는 병으로 인식된 것이다.

현재 우리가 살아가는 세상은 과거에 우리가 함께 나누었던 모든 세상의 산물이다. 적어도 내가 보기에 결핵의 역사와 존재는 인간의 어리석음과 슬기로움, 잔혹과 연민을 가장 잘 드러내 준다.

나의 아내 세라는 종종 농담처럼 말한다. 내 머릿속 모든 것이 결핵과 연결되어 있고, 결핵은 모든 것과 연결되어 있다고 말이다. 그야말로 맞는 말이다.

차례

들어가며 그레고리와 스톡스   7

1장   라카   17
2장   카우보이와 암살자   27
3장   우리나라 철도 지도를 보세요   35
4장   막대한 부로도 막을 수 없는   47
5장   눈 깜짝할 사이 빠져나가는   63
6장   호랑이는 사냥해야 하고   77
7장   아름다워 보이게 하는 병   95
8장   막대 모양 세균   107
9장   없는 사람 취급   115
10장   투베르쿨린 연구   125
11장   두려움과 희망   135
12장   치료법   151
13장   완치법이 없는 곳   161
14장   마르코, 폴로   173

15장	지룸 박사	183
16장	헨리	193
17장	나중에 저를 치십시오	199
18장	슈퍼버그	205
19장	악순환	211
20장	헤일 메리, 마지막 시도	215
21장	마법처럼	221
22장	선순환	225
23장	원인이자 치료법	241

나가며 불의가 낳은 질병, 결핵	249

더 읽을거리	257
감사의 말	262
옮긴이의 말	266
도판·인용 출처	271

1장

라카

몇 년 전 내가 처음으로 라카 공공병원에 방문했던 날, 실은 그리 썩 내키지 않았다.

우리 부부는 서아프리카에 있는 인구 약 9백만 명의 나라, 시에라리온을 찾았다. 산모와 신생아 보건체계를 알아보고 싶어서였다. 당시 시에라리온은 세계에서 산모 사망률이 가장 높은 나라로, 임신이나 출산 중 사망하는 여성이 열일곱 명 중 한 명꼴에 이를 정도였다. 우리는 그런 위기 상황으로 삶이 바뀌어버린 사람들을 이해하려고, 또 이들의 이야기를 세상에 전하려고 시에라리온에 갔다.*

따라서 그 여정은 어디까지나 전 세계적인 산모 사망 위기에 초

---

* 시에라리온 보건부가 다양한 기관과 긴밀히 협력하여 투자를 이뤄낸 덕분에 우리의 방문 뒤 5년간 산모 사망률은 50퍼센트 이상 감소했다. 이 변화는 보건 불평등이 결코 고착되거나 되돌릴 수 없는 일이 아니라는 사실을 다시금 일깨워준다.

점을 맞춘 것이었지, 결핵이 목적은 아니었다. 게다가 시에라리온 일정의 마지막 날이 되자 나는 꽤 지쳐있었고, 몸 상태도 좋지 않았다(난 건강에 있어서는 허약체질인데, 사실 다른 대부분의 문제에 있어서도 그렇다). 그런데 함께 여행하던 의사 한 분이 우리에게 라카 공공병원에 들르자고 하셨다. 그분은 라카 공공병원이 글로벌 보건 비영리단체인 파트너스 인 헬스Partners In Health, PIH의 지원을 받고 있고, 공항 가는 길목에 있으니 크게 돌아가는 길도 아니며, 병원 직원들과 몇몇 환자 사례를 논의할 일이 있다고도 덧붙였다.

그때까지만 해도 나는 결핵에 대해 아는 게 거의 없었다. 나에게 결핵은 역사 속의 병, 그러니까 19세기의 우울한 시인들을 죽음으로 몰아넣은 병이지 지금 이 시대를 살아가는 사람과는 상관없는 병이었다. 하지만 한 친구에게 이런 말을 들은 적이 있다. "역사가 과거에만 속한다고 믿는 것만큼 특권에 사로잡힌 생각은 없지."

라카 공공병원에 도착하자마자 한 아이가 자신을 헨리Henry라고 소개하며 반겨주었다. "우리 아들이랑 이름이 같구나." 이렇게 말하자 아이는 미소 지었다. 시에라리온 사람들은 대부분 여러 언어를 구사하는데, 헨리는 특히 또래치고 영어를 곧잘 했다. 덕분에 내 서툰 크리오Krio어 몇 마디를 넘어 조금 더 깊은 대화를 나눌 수 있었다. 헨리에게 요즘 잘 지내고 있냐고 물었다. 그러자 헨리가 말했다. "저는 행복해요. 용기를 얻었어요." 헨리는 그 말을 참 좋아했다. 누군들 안 그렇겠는가? '용기를 얻는다'라는 말은 마치 용기라는 것이 내 안에서 샘솟아서 서로에게 건넬 수 있는 무언가처럼 느껴지게 만든다.

그때 내 아들 헨리는 아홉 살이었는데, 이 헨리라는 친구도 아들 또래로 보였다. 그는 가느다란 다리에 크고 엉뚱한 미소를 띤 작은 아이였는데, 반바지에 무릎까지 내려오는 헐렁한 럭비 셔츠를 입고 있었다. 아이는 내 티셔츠 자락을 잡고 병원 곳곳을 안내하기 시작했다. 실험실도 보여줬는데, 그곳에는 한 연구원이 현미경을 들여다보고 있었다. 헨리도 현미경을 들여다보더니 나더러도 보라고 했다. 시에라리온의 수도인 프리타운에서 온 젊은 여성 연구원은 이미 몇 달째 표준 치료법을 받고 있던 환자의 표본에서 결핵이 발견되었다고 설명했다. 연구원이 그 '표준 치료법'을 설명하기 시작하려는 찰나 헨리가 다시 내 티셔츠를 끌어당겼다. 이번에는 나를 병동으로 이끌었다. 환기가 제대로 되지 않는 건물이 여럿 모여 있었는데 그 안에는 창살이 달린 창문, 얇은 매트리스에 화장실도 없는 병실들이 들어서 있었다. 병동에는 전기도, 일정하게 공급되는 수도도 없었다. 내 눈에는 마치 감옥처럼 보였다. 라카 공공병원은 결핵 병원이 되기 전에는 한센병 환자 격리시설이었는데, 그 느낌이 여전히 남아있었다.

각 병실 안에는 한두 명의 환자가 간이침대에 누워 있었다. 대부분은 옆으로 눕거나 반듯하게 누운 자세였고, 몇몇은 침대 끝에 걸

터앉아 몸을 앞으로 숙이고 있었다. 그곳에 있는 남성 환자(여성 환자 병동은 따로 있었다)는 모두 몹시 야위어 몇몇은 뼈에 가죽만 씌운 듯 피골이 상접해 보였다. 헨리와 함께 건물 사이 통로를 지나던 중 우리는 한 젊은 남자가 플라스틱 병에 든 물을 마시는 모습을 보게 됐다. 그 남자는 물을 마시자마자 담즙과 피가 섞인 것을 토했는데, 나는 본능적으로 고개를 돌렸지만 헨리는 그 환자를 지그시 바라보았다.

나는 헨리가 아마도 병원 종사자의 아이, 즉 의사나 간호사 또는 주방이나 청소 담당 직원의 자녀라고 짐작했다. 병원에 있는 모두가 헨리를 알고 있는 듯했기 때문이다. 누구든 헨리를 보면 일을 멈추고 안부 인사를 건네며 머리를 쓰다듬거나 손을 꼭 잡아줬다. 나는 단번에 헨리에게 마음이 끌렸다. 그 아이에게는 내 아들과 닮은 구석이 있었다. 약간 수줍어하면서도 동시에 누군가와 가까워지고 싶은 열망이 혼재된 묘한 성격이 딱 그랬다.

이윽고 헨리는 나를 병원 입구 근처의 작은 방으로 데려갔다. 의사들과 간호사들이 모여 회의 중이었는데, 그중 한 간호사가 웃으면서 다정하게 타이르며 헨리를 밖으로 내보냈다.

"저 아이는 누구지요?" 내가 물었다. "헨리 말씀이세요?" 간호사가 대답했다. "아주 사랑스러운 녀석이죠." 그리고 마이클이라는 의사가 "저희가 특별히 신경쓰는 환자예요" 하고 덧붙였다. "환자라고요? 너무 귀여운 아이네요. 어서 나았으면 좋겠어요." 내가 말했다.

그러자 마이클은 헨리가 어린아이가 아니라고 했다. 헨리는 무려 열일곱 살이었다. 그렇게 왜소해 보였던 건 영양실조 상태로 자라온 데다 결핵으로 몸이 더 야위었기 때문이었다.

"그래도 잘 지내는 것 같던데요. 기운도 넘치고요. 병원 구석구석을 저랑 같이 다녔거든요." 내가 말했다.

"항생제가 아직 약효가 있어서 그래요." 마이클이 설명했다. "하지만 효과가 충분하지 않다는 걸 알고 있답니다. 실패할 가능성이 아주 크다는 것도요. 큰 문제지요." 그는 입술을 다문 채 어깨를 으쓱했다. 나는 무슨 말인지 도무지 이해할 수 없었다.

헨리를 다시 만난 건 병원을 떠날 채비를 할 때였다. 병원 입구 근처에 서 있던 헨리에게 사진을 찍어도 되겠냐고 물었다. 헨리는 고개를 끄덕였고 나는 사진 몇 장을 찍었다.

우리는 사진을 함께 넘겨보았다. 난 헨리에게 내가 마스크 아래로 미소 짓고 있다는 걸 어떻게든 전하려고 애썼다. 헨리는 마스크를 쓰고 있지 않았는데, 헨리의 감염력은 매우 낮아서 다른 사람에게 전염시킬 위험이 없었기 때문이다. 헨리와 이야기를 나누다 보니 처음에 헨리를 누군가의 자녀로 봤을 때와는 내가 또다른 시선으로 헨리를 바라보고 있음을 깨달았다. 그는 더이상 아홉 살짜리 내 아들을 연상시키지 않았다. 이제는 깡마른 청년으로 보였다. 헨리가 나를 올려다볼 때 눈 흰자에 누렇게 흐릿한 구름 같이 보이는

라카 공공병원에서의 헨리.

흔적은 치료 중에 흔히 나타나는 간 독성의 부산물이었다. 또한 목 한쪽이 부어 있는 것은 결핵이 림프샘까지 침범했다는 전형적인 징후임을 나중에 알게 되었다. 헨리에게 매일 약을 먹느냐고 물었다.

"네, 먹는 약 있어요. 그리고 주사도 맞아요." 헨리가 말했다. "무섭겠다. 그렇지?" 헨리의 커다란 눈이 더 커지더니 조용히 고개를 끄덕였다.

주사는 불처럼 타는 듯 고통스럽고 약은 여러 부작용이 있지만, 무엇보다 가장 힘든 건 배고픔이라고 헨리가 내게 말했다. 활동성 결핵은 식욕을 극심히 억제하고 복통을 유발하며, 기본적인 음식물 섭취 자체를 어렵게 한다. 하지만 치료가 시작되어 감염 정도가 점차 줄어들기 시작하면 억눌려 있던 식욕이 맹렬히 되살아난다. 그건 치료가 잘 되고 있다는 긍정적인 신호이긴 하다. 하지만 먹을 것이 충분할 때에 한해서일 것이다.

몇 년 뒤, 결핵에 걸렸다가 나은 한 젊은 생존자가 배고픔에 관한 이야기를 들려주었다. 그때 난 다시 라카 공공병원을 찾아 커다란 망고나무 아래의 짙은 그늘에 앉아 있었는데, 그곳은 병원에서 쾌적하다고 할 수 있을 만한 거의 유일한 장소였다. 그 외에는 붉은 점토와 덤불이 무성한 잡초 밭밖에 없었다. 그곳엔 길고 거칠게 다듬은 목제 벤치 세 개가 놓여 있었는데 벤치들은 망고나무 그늘을 따라 온종일 이리저리 옮겨졌다. 내 맞은편 벤치에는 한 젊은 여성이 무릎 위에 팔꿈치를 괴고 몸을 앞으로 웅크린 채 앉아 있었다(이 책에서는 그녀를 편하게 마리라 부르도록 하겠다). 마리는 병원에 도착했을 때 걷지도 못할 만큼 말라 있었고, 흉부 X선 사진에는 건강한 폐 조직이 거의 보이지 않았다. 라카 공공병원에 왔을 당시 마리의 키는 약 160센티미터였지만 몸무게는 약 32킬로그램이 채 되지 않았다.

마리가 건강을 되찾아갈 즈음엔 밤낮으로 먹는 꿈만 꿨다고 했다. 심지어 진흙을 수프로 끓여 먹거나 나뭇가지를 먹는 상상도 했다고 한다. 그게 얼마나 바삭바삭할지, 속은 얼마나 부드럽고 영양분으로 그득할지 떠올렸으며, 음식 생각 외에는 아무것도 할 수 없었다고 했다.

옆에 앉아 있던 간호사가 미안하다는 듯 멋쩍게 말했다. "하루에 세 끼 모두 챙겨 드리고 있어요. 양도 많고요. 그래도 부족하겠죠." 실제로는 아주 턱없이 부족했다. 하지만 간호사는 세 끼를 챙기기에도 예산이 빠듯하다고 했다. 식사는 결핵 치료의 필수 요소로 고려되지 않기 때문에, 해당 예산은 책정되어 있지 않았다. 어떤 환자들은 배고픔을 견디다 못해 병원을 떠나 약 복용을 중단했다고 간호사가 덧붙였다. 그러면 몸속의 결핵균이 계속 증식하게 되고, 결국 1차 치료제에 내성이 생길 위험도 커지고 만다. 하지만 그 환자들은 도무지 배고픔을 견디면서 살 수 없었다.

헨리는 간결하고 아름답게 회고록을 써 내려가면서 여러 차례 굶주림을 언급했다. 그는 라카 공공병원을 이렇게 표현했다. "희망과 절망이 뒤엉킨 곳. 음식은 모자라고 물은 배급되며, 옷가지는 쌀쌀한 밤을 견디기에는 역부족인, 그런 세상에 나는 살고 있구나."

처음 헨리를 만나고 나서 간호사에게 헨리가 나을 수 있냐고 물었다. "아, 저희는 헨리를 몹시 사랑한답니다!" 간호사가 말했다. 헨리는 어린 나이에 이미 너무 많은 일을 겪었다고 덧붙였다. 그리고 하늘에 감사하게도 헨리는 어머니인 아이사투Isatu의 지극한 사랑을 받고 있다고 했다. 아이사투는 틈만 나면 아들을 찾아와 보살폈고, 가능할 때마다 음식을 더 챙겨주었다. 라카 공공병원의 환자 대부분은 찾아오는 사람이 없었는데, 대다수 환자는 가족에게 버림받았다. 가족 중에 결핵 환자가 있다는 건 큰 수치였기 때문이다. 하지만 헨리에겐 어머니 아이사투가 있었다. 그러나 간호사의 그 모든 말 중에 정작 내 질문의 답은 없었다.

"헨리는 정말 행복한 아이예요"라고 간호사가 말했다. "사람들을 기분 좋게 해 준답니다. 학교에 다닐 수 있던 때엔 아이들이 헨리를 목사님이라고 불렀어요. 언제나 사람들을 위해 기도하고 도와주었거든요." 아직도, 내가 구하던 답은 나오지 않았다.

"저희는 헨리를 위해 끝까지 싸울 겁니다." 기다리던 말이었다.

2장

카우보이와 암살자

시에라리온의 라카 공공병원에서 미국 인디애나폴리스의 집으로 돌아온 후 결핵의 역사에 대해 찾아 읽기 시작했다. 결핵은 패션에서 전쟁, 인문지리학에 이르기까지 온갖 분야에서 불쑥불쑥 튀어나왔고, 나는 도통 그 병에 대해 잠자코 있을 수가 없게 되었다. 누가 뉴멕시코 주 얘기를 꺼낼라치면 이렇게 끼어들었다. "뉴멕시코가 준주(準州)에서 주로 승격된 건 일부나마 결핵 덕도 있다는 거 아세요?" 대화 주제가 1차 세계대전으로 흐르기라도 하면 "결핵이 1차 세계대전을 직접적으로 초래했다고 하기는 어렵지만 뭐랄까, 아주 약간은 영향을 끼쳤다는 거 알고 계세요?"라고 반응하곤 했다. 혹은 동네 핼러윈 파티에서 카우보이 복장을 한 열 살짜리 아이와 마주치면 그만 참지 못하고 말했다. "우리가 카우보이 모자를 갖게 된 것도 결핵 덕분이란다. 알고 있니?"

어쨌거나 그건 사실이었다. 1850년대 뉴저지 주에서 모자 만드는 일을 하던 존이라는 젊은이가 피를 토하기 시작했다. 의사를 찾아갔더니 아니나 다를까 결핵 판정을 받았다. 당시 통념상 살아남을 수 있는 유일한 길은 서부로 떠나는 것이었다.

미국 서부는 오래전부터 도피, 자유, 마지막 희망의 땅으로 여겨졌다. 로버트 펜 워런Robert Penn Warren은 소설 《모든 왕의 사람들All the King's Men》에서 이렇게 썼다. "서부는 결국 우리가 모두 가게 될 곳. 땅이 황폐해지고 테다소나무가 우거질 때 우리가 향하는 곳. 또 이런 편지를 받으면 가야 할 곳. '도망쳐, 모두 발각됐다.'" 그곳이 바로 결핵 환자들이 삶을 조금이나마 더 이어가려 향했던 서부다.

19세기에서 20세기 초까지는 건조한 공기가 결핵 치료에 효과적이라는 믿음이 널리 퍼져 있었는데, 이는 제법 그럴싸했다. 결핵 환자의 폐는 축축하게 젖어 있는 듯 보였는데, 결핵이 창궐했던 뉴욕이나 볼티모어 같은 미국 대도시의 공기는 후텁지근하고 탁하고 축축했기 때문이다. 그리하여 사람들은 애리조나, 뉴멕시코, 캘리포니아 주로 몰려들었고, 이들 지역은 '새로운 폐의 땅land of new lungs'이라는 별칭을 얻었다. 한 홍보 전단에는 대담하게도 이런 문구가 쓰였다. "서부로 오라, 살아남으라."

패서디나, 콜로라도스프링스를 비롯한 몇몇 도시는 사실상 결핵 환자와 가족들을 위해 조성되었다. 하지만 신격화된 것은 사막의 공기만이 아니었다. 의사들은 섬의 공기, 산속 공기, 숲속 공기, 심지어 이탈리아의 공기까지도 추천했다. 이른바 '요양 여행'을 정당화하는 근거는 제각각이었지만, 전제는 하나였다. 결핵은 도시에서 창궐하니 해답은 시골에 있다는 것이었다. 이런 세계관은 유럽과 미국 위주이긴 했지만, 그들의 전유물은 아니었다. 일본의 시인 마사오카 시키正岡子規 또한 결핵이 낫길 바라며 여행을 떠난 바 있다.

자, 우리의 모자 장인 존은 서부 해안까지 가지는 않았다. 대신 고향인 뉴저지 주를 떠나 개척지로 향하는 관문 도시인 미주리 주의 세인트조지프로 향했다. 세인트조지프의 눅눅하고 숨 막히는 공기가 결핵에 좋았을 리 만무하지만 존은 그곳에 한동안 정착했는데, 상태가 호전되기 시작했다. 이유는 지금도 명확히 밝혀지지 않았지만 활동성 결핵 환자의 약 20~25퍼센트는 치료 없이도 회복되는데, 너무나 놀랍게도 존은 바로 그 운 좋은 소수에 속했다.

그후 몇 년간 건강을 회복해 가던 존은 문득 서부에 대해 한 가지 깨달았다. 바로 모자가 형편없다는 점이었다. 유럽계 모피 상인들은 벌레가 들끓는 챙 없는 쿤스킨 캡(라쿤 가죽 모자)을 썼고, 텍사스 주나 멕시코에서 미주리 주까지 올라온 사람들은 햇빛은 가려주지만 비가 오면 줄줄 새는 챙 넓은 밀짚모자를 쓸 때가 많았다. 결핵 병세를 어느 정도 잡고 나서 미국 북동부로 돌아온 존 B. 스텟슨John B. Stetson은 마침내 새로운 형태의 모자를 만들어냈다. 그 모자는 시간이 지나면서 카우보이 모자라 불리게 되었다(심지어 '더 스텟슨'이라고도 불렸다).•

• 스텟슨은 이후 쌓은 막대한 재산 대부분을 학교, 노숙인 쉼터, 푸드뱅크 등에 기부했다.

뉴멕시코 이야기는 농담이 아니다. 1848년, 뉴멕시코가 미국령이 된 뒤에도 많은 백인 미국인은 여전히 이 지역을 의심의 눈초리로 바라봤다. 애당초 뉴멕시코 준주(1848년에 미국령이 되고, 1850년에 준주가 됐다)에 사는 사람 대부분은 토착민이거나 스페인어를 모국어로 쓰는 사람들이었기 때문이다. 뉴멕시코는 주 승격에 필요한 제도적 기반과 인구를 갖추고 있었고 주민 대다수도 원했지만, 미국 의회는 뉴멕시코의 미국 연방 편입을 승인하지 않았다.

의회를 만족시키기 위해 뉴멕시코 당국은 백인 인구와 영어 사용자 수를 늘려야 한다는 사실을 깨달았다. 그렇게 시작된 것이 바로 뉴멕시코 사막의 공기, 탁 트인 하늘, 세계 최고 수준의 결핵 치료를 내세워 미국 북동부와 남부의 결핵 환자들을 유인하겠다는 전략이었다. 이 프로젝트는 효과를 발휘해 1910년경에는 뉴멕시코 준주 전체 주민의 약 10퍼센트가 결핵 환자였다. 이렇게 새로운 백인 주민들이 유입된 덕분에 결국 미국 의회는 뉴멕시코의 주 편입을 승인하지 않을 수 없었다. 1912년, 드디어 뉴멕시코는 미국의 47번째 주가 되었다.

그렇다면 결핵이 1차 세계대전을 일으켰다는 이야기는 사실일까? 꼭 그렇다고 할 수는 없다. 그래도 주요 원인인 20세기 초 유럽의 동맹 체제, 제국주의의 팽창과 군사화 등과 더불어 부차적인 원인으로 함께 언급되어야 마땅하다.

세계사 시간에 배운 내용이 기억나실지 모르겠지만, 1차 세계대전은 오스트리아-헝가리 제국의 황위 계승자 프란츠 페르디난트 대공이 암살당하면서 발발했다. 그런데 암살 사건치고는 다소 우스꽝스러운 구석이 있었다. 한쪽에는 대공을 보좌하던 극도로 무능한 수행원들이 있었고, 다른 한쪽에는 극도로 무능한 암살자들이 있었는데 그중 절반은 10대의 결핵 환자들이었다.

1914년 초, 오스트리아-헝가리 제국의 대공 부부는 사라예보(현 보스니아 헤르체고비나의 수도) 방문계획을 세웠다. 사라예보는 오스트리아-헝가리 제국의 일부였다. 하지만 마지못해 편입된 지역이어서 발칸 지역에 사는 많은 이들은 오랫동안 소외돼 온 자신들의 공동체가 독립 국가로 거듭나길 바랐다. 그런 이들 가운데에는 베오그라드(현 세르비아의 수도) 출신의 10대 청년 네델코 차브리노비치Nedjelko Cabrinovic, 트리프코 그라베주Trifko Grabez, 가브릴로 프린치프Gavrilo Princip도 포함돼 있었다. 이들은 모두 열아홉 살이었는데, 세르비아 육군 장교들이 오스트리아-헝가리 제국의 지배로부터 세르비아를 해방하려고 주도한 혁명 단체인 '검은 손Black Hand'과 연루되어 있었다.

차브리노비치, 그라베주, 프린치프는 모두 심각한 결핵을 앓고 있었고, 자신들의 죽음이 머지않다는 걸 알고 있었다. 존 심킨John Simkin의 표현대로 "그들은 위대한 대의라고 믿고 있는 일을 위해 기꺼이 목숨을 바치려 했다." 그래서 프란츠 페르디난트가 심지어 오픈카를 타고 사라예보를 순방한다는 소식이 퍼지자, 세 명의 청년

2장 카우보이와 암살자　31

은 대공 암살을 결심하고 사라예보로 향했다. 그곳에 도착 후 또다른 공모자 셋과 합류했는데 여섯 명 전원에게는 총과 폭탄, 청산가리 알약이 주어졌다. 대공을 암살한 뒤 곧바로 자결하라는 지시와 함께였다.

임무는 그야말로 완전 실패였다. 남자 셋(결핵에 걸리지 않은 셋)은 끝내 행동에 나서지 못하거나 나서지 않았지만, 베오그라드 출신 청년들은 달랐다. 퍼레이드 경로에서 대공을 가장 먼저 발견한 건 차브리노비치였다. 그는 대공이 탄 차를 향해 폭탄을 던졌으나 빗나가버렸고, 다른 차에 타고 있던 사람들만 다쳤다. 차브리노비치는 곧바로 청산가리 알약을 삼켰지만 함량이 너무 적어 죽지 않았다. 이어 강물에 몸을 던져 익사하려 했지만 강의 수심이 고작 약 10센티미터에 불과해 곧바로 붙잡히고 말았다.

그뒤 대공이 탄 차는 현장을 떠났고, 남은 공모자들은 암살 계획을 포기했다. 그 시점에서 대공은 거의 죽을 뻔한 상황이었으니 호텔로 돌아가는 게 합당했다. 하지만 한 수행원이 대공에게 사라예보 시내를 마저 돌자고 설득했다. 그러면서 이렇게 말했다. "설마 사라예보가 암살자들 천지라고 생각하십니까?"

몇 분 뒤, 사라예보 지리에 익숙하지 않은 대공 부부의 운전사가 길을 잘못 들었고, 차를 돌리려 잠시 멈춰 섰다. 그런데 차가 멈춘 곳은 하필 가브릴로 프린치프 바로 앞이었다. 프린치프는 대공과 대공의 아내 여공작 조피를 총으로 쐈다. 이어 준비해 둔 청산가리 알약을 삼켰지만, 당연히 죽지 않았다. 대신 프린치프와 공모자 전원은 체포되어 감옥에 갇혔다. 당시 오스트리아-헝가리 제국에서는 10대에게 사형을 선고할 수 없었지만, 정부는 굳이 총살형을 내릴 필요가 없었다. 세 사람 모두 전쟁이 끝나기 전에 결핵으로 죽었기 때문이다.

결핵이 역사와 교차하는 지점을 살펴보는 일은 분명 흥미롭지만, 이를 근거로 어떤 주장을 펼치는 건 위험하다. 이를테면 단지 프린치프의 결핵이 1차 세계대전을 촉발했다거나 결핵 때문에 뉴멕시코가 준주에서 주로 승격되었다고 주장한다면 말이다. 역사를 하나의 렌즈로만 바라보면 왜곡이 생기게 마련이다. 역사는 너무나도 복잡해서 어느 한 가지 시선만으로는 결코 충분히 설명될 수 없다.

어쨌거나 결핵이 어떻게 문화와 역사를 형성해 왔는지에 깊은 흥미가 있었기에 문화가 어떻게 결핵을 형성해 왔는지도 내겐 정말로 중요했다. 이 감염병은 오랫동안 인간의 편견과 맹점을 악용해 왔고, 불의가 만들어내는 경로를 따라 몸을 비틀며 파고들었다. 물론 결핵이 자기가 무슨 짓을 하고 있는지 아는 건 아니지만, 결핵은 수세기 동안 사회적 권력과 편견에 힘입어 권력 체계가 인간의 생명을 하찮게 여기는 곳이라면 어디서든 번성해 왔다. 시에라리온 얘기로 다시 돌아가자면 그런 현실을 헨리와 어머니 아이사투는 누구보다 잘 알고 있었다.

3장
우리나라 철도 지도를 보세요

시에라리온이 가난한 나라라고 흔히 말하지만 실은 그렇지 않다. 금속 광석, 특히 다이아몬드 같은 자원으로 막대한 부를 쌓아왔고, 이런 보석들은 수 세기 간의 식민 지배 시기 동안 수많은 영국 왕관을 장식했다. 1961년, 독립을 이룬 시에라리온의 새 정부는 자원 채굴 중심의 경제 구조에서 벗어나려 애썼다. 하지만 이는 쉽지 않았는데, 다이아몬드와 광물을 채굴하고 수출하는 시스템이 다른 어떤 산업보다도 훨씬 더 성숙하고 견고했기 때문이었다. 또한 독립한 뒤에도 시에라리온의 가치 있는 꽤 많은 자산이 여전히 (또한 지금까지도) 외국 자본의 소유라는 점도 하나의 원인이었다. 경제가 성장하며 기대수명도 늘어났지만 시에라리온은 여전히 심각한 빈곤 상태에 머물러 있었다.

시에라리온 의사인 바일러 배리Bailor Barrie는 나에게 이렇게 말한

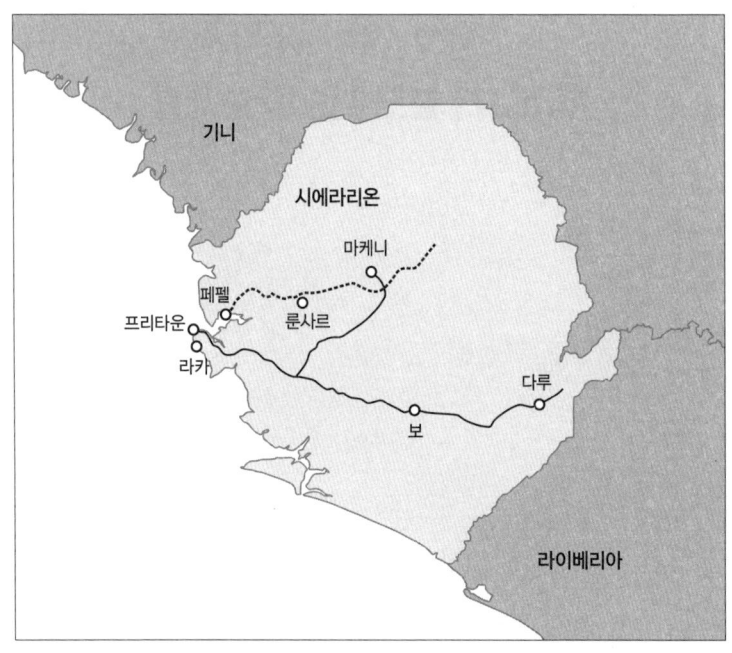

시에라리온의 철도 지도.

적이 있다. "시에라리온이 왜 가난한지 알고 싶다면 우리나라 철도 지도를 보셔야 합니다." 그래서 살펴봤다. 지도는 위의 철도 지도를 참조하길 바란다.

식민 통치 시절에 시에라리온에 건설한 철도는 사람들을 서로 연결하기 위한 용도가 아니었다. 철로는 광물 자원이 풍부한 내륙 지역과 그 자원을 외국으로 실어 나를 수 있는 해안 지역으로 연결됐다. 영국 제국이 했던 일은 자원 수탈이었고, 그 목적을 위해 철저히 시스템을 구축했다. 학교도 몇 개 있긴 했으나 제국에 봉사할 인력을 길러내려는 목적이었으며, 병원 역시 몇 개 존재했지만 제국에 봉사할 인력의 건강을 돌볼 목적이었다. 영국 제국이 시에라리온에서 한 주된 역할은 시에라리온의 부를 가능한 한 빠르고 효율적으로 시에라리온 밖으로 빼내는 일이었다.

지금도 서구권 및 선진국에서는 식민주의가 가져다준 '이점'들, 그러니까 식민 지배 덕분에 도로나 병원, 학교 같은 것들이 식민지에 생겼다는 식의 주장이 들린다. 하지만 이런 관점은 설득력 있는 근거로 들리지 않는다. 1950년 영국의 기대수명은 69세였다. 반면 150년간 식민 지배를 받은 시에라리온의 기대수명은 30세 이하였다. 이는 기원전 5천 년이나 5만 년 전 전근대적 인류의 기대수명과 비슷한 수준이다. 식민주의 체제하에서 구축된 인프라는 공동체를 강화하기 위해 지은 것이 아니었다. 오히려 공동체를 약화시키고 고갈시키기 위한 구조였다.

시에라리온은 수 세기 동안 영국의 보호령[식민지와 달리 형식상으로는 현지 왕이나 정부가 있지만, 핵심 권한은 영국이 장악한 형태]이었다. 하지만 공식적으로 영국 제국의 지배를 받기 이전부터 이미 몹시 학대당해 왔다. 역사학자 스티븐 그린블랫Stephen Greenblatt은 기록물 하나를 내게 소개해 준 적 있다. 존 새러콜John Sarracoll이라는 상인이 1586~1587년 사이 시에라리온 항해를 하며 남긴 기록이었다.

11월 4일, 우리는 한 검둥이 마을에 상륙했다. … 약 200채의 민가가 있었고, 거대한 나무들과 촘촘히 박힌 말뚝이 마을을 둘러싸고 있어서 쥐 한 마리조차 드나들기 힘들 정도였다. 그런데 운이 좋게도 우리는 열려있는 출입구 바로 앞에 당도해 그 문으로 맹렬히 진입했다. 마을 주민들은 모두 마을 밖으로 도망쳤다. 마을은 그 동네 고유의 방식으로 훌륭하게 지어져 있었는데, 워낙 골목이 복잡하게 얽혀있어 들어온 입구로 되돌아 나가기가 어려웠다. 주민들의 집과 거리는 어찌나 깔끔하게 정돈되어 있던지 모두가 놀랄 정도였는데, 집 안팎 어디에도 먼지 한 톨 없었다. 집 내부에는 돗자리, 박, 흙으로 만든 항아리 몇 점이 전부였다. 떠날 때가 되자 우리 일행은 마을에 불을 질렀고, 갈대와 짚으로 지붕을 덮은 집 대부분이 15분도 채 안 되어 불에 타 버렸다.

파괴와 폭력의 이야기는 대서양 노예무역으로 더욱 가속화되었다. 18세기와 19세기에 걸쳐 지금의 시에라리온에 살고 있던 약 40만 명이 납치되어 노예로 팔렸고, 지역 전체가 공포로 떨었다. 노예사냥꾼들은 한밤중에 집을 습격해 가족 전부를 납치하기도 했으며, 사냥하거나 물을 길으러 갔던 아이들과 젊은이들을 붙잡아 가기도 했다. 멘데족 출신의 한 어린 소년도 '카우웰리Kaw-we-li', 즉 '전쟁의 길'이라 불릴 정도로 위험한 길을 걷다가 포르투갈 노예사냥꾼에게 납치되었다. 당시 겨우 여섯 살 남짓이었던 아이는 가족과 떨어져 노예선에 실리고 말았다. 성인이 된 그는 카우웰리라는 이름으로 불렸는데, 일부 학자들은 노예 상인들이 소년을 납치했던 장소의 이름을 따서 불렀을 가능성이 높다고 추정하고 있다. 어쩌면 어린 카우웰리는 부모가 지어준 본래 이름을 잊고서 납치당한 장소의 이름으로만 자신을 기억하며 살아갔을지도 모른다.

노예무역은 직접적으로 수백만 명을 사망케 했고 무역로를 차단했으며, 사회 질서를 뒤흔들었다. 공동체들은 그야말로 초토화되었다. 수많은 사람들이 가족과 삶의 터전으로부터 강제로 끌려갔기 때문이다. 또한 물건을 들고 이동하거나 시장에서 장사를 하는 등 거의 모든 형태의 경제 활동을 하다가 납치될 위험도 있었다.

시에라리온의 이야기는 특히 복잡하다. 1783년, 영국은 미국 독립전쟁 당시 영국 측에서 싸운 일부 흑인 노예들을 해방했다.* 전쟁이 끝난 뒤 해방된 흑인 병사 중 최소 4천 명은 캐나다 노바스코샤로 이주했지만, 혹독한 날씨에 시달리며 그곳에서도 여전히 차별을 겪어야 했다. 마침내 1791년, 흑인 충성파Black Loyalist 지도자인 토머스 피터스Thomas Peters는 이 무리를 서아프리카의 새로운 식민지에 재정착시켜야 한다고 식민 당국에 주장했다. 그곳이 바로 프리타운이었고, 훗날 영국 제국의 식민지 시에라리온의 수도가 되었다. 그 뒤 수십 년 동안 수천 명 이상의 해방된 노예들과 반란 지도자들이 프리타운으로 넘어가 이주했으며 대다수는 미국 흑인, 캐나다

• 미국 역사와 자유에 대한 우리의 인식이라는 맥락에서 미국 측에서 독립을 위해 싸운 흑인들보다 영국 측에서 싸운 흑인들이 더 높은 확률로 해방되었다는 사실이 무엇을 의미하는지 잠시 생각해 볼 필요가 있다.

인, 자메이카인이었다. 그들의 후손은 오늘날까지도 시에라리온에 남아 크리오족Krios으로 불린다.

1807년부터 영국 제국은 노예무역을 불법으로 규정했다. 다만 개인의 노예 소유는 1833년까지 계속 허용되었다. 이후 영국 해군은 노예선 발견시 나포해 선상에 있던 노예들을 해방했고, 원래 고향이 어디였든 상관없이 프리타운에 배치해 정착하게 했다. 이런 방식으로 프리타운은 점차 성장했고, 도시의 문화적 다양성도 크게 확대되었다. 크리오족이 사용하는 언어를 크리오어라고 하는데 크리오어는 영어에서 유래한 단어만이 아니라 서아프리카 언어에서 다양하게 차용된 표현들도 포함되어 있으며, 오늘날 시에라리온의 공통어로 자리잡았다. 프리타운이 신흥 식민지의 경제 중심지로 발전하면서 굉장히 다양한 민족 공동체 출신의 사람들이 이 도시로 모여들었다.

내가 라카에서 만난 소년 헨리는 크리오족 아버지를 두고 있었다. 그러니까 헨리의 뿌리가 어쩌면 나보다 훨씬 오래전부터 미국과 연결되어 있을 수도 있다는 뜻이다(우리 집안이 미국에 정착한 건 겨우 19세기 말 이후다).

여기 알아두어야 할 중요한 사실이 있다. 시에라리온은 '국민 전체'로 보면 가난한 게 맞다. 실제로 유엔UN에 따르면 시에라리온 인구의 59퍼센트가 '다차원적 빈곤multi-dimensionally poor' 상태에 놓여 있다. 하지만 가난하지 않은 시에라리온인도 많다는 점 역시 중요한 사실이다. 시에라리온은 경제·종교·문화적으로 매우 다양한 사회다. 그렇기에 9백 만 인구가 넘는 국가를 단일한 특성으로 간주하여 복잡한 현실을 증류하듯 단순화해버리면 오히려 본질을 호도하는 결과를 낳을 수 있다. 그러나 이 점을 인정하더라도 시에라리온이 반복적으로 위기를 겪어온 주된 이유는 단순히 무능하거나 부패한 관리들 때문만은 아니라(물론 두 가지 모두 일정한 역할을 하긴 했지만) 지금까지의 역사가 모든 곳에 스며들어 있는 실정 탓이 크다.*

가끔 사람들은 시에라리온의 빈곤을 물리적 지리 조건만으로 설명하려 한다. 즉 '서아프리카의 강은 길지도 않고 항해하기에 마땅찮다', '쓸 만한 항구도 부족하다', '풍부한 광물 자원이 오히려 저주가 되어 투자보다는 자원 채굴에 경제 발전이 치중해 있다'는 식이다. 하지만 이런 설명은 역사적 맥락을 놓치고 있다. 15세기까지만 해도 유럽인들은 서아프리카인을 부유하고 강력한 존재로 상상했다(실제로 인류 역사상 가장 부유했던 자는 14세기 서아프리카 말리 제국의

---

* 부패가 시에라리온 빈곤에 일정 부분 기여하고 있지만 첫째, 정부의 무능은 빈국만의 문제가 아니며, 둘째, 좀더 근본적인 수준에서 시에라리온은 애초에 제대로 기능하는 보건의료체계를 구축할 만한 재정 자체가 없다. 독일이나 영국 같은 국가는 국내총생산의 약 12퍼센트를 보건에 지출한다. 시에라리온이 동일한 비율로 보건 예산을 책정한다고 해도 국민 1인당 연간 보건 지출액은 약 60달러에 불과하다. 나의 렉사프로(우울증과 불안장애 치료에 사용되는 약) 두 달치 약값도 안 되는 금액이다. 이 정도로는 보건체계가 정상적으로 작동하기 어려움은 더 말할 필요도 없다.

통치자 만사 무사Mansa Musa였을 것이다). 시에라리온 같은 국가들이 가난해진 것은 결코 필연적이거나 자연스러운 현상이 아니다.

헨리의 어머니 아이사투는 1968년에 태어났다. 시에라리온이 독립국이 된 지 7년이 지난 때였다. 아이사투는 남부의 본스 지구에서 자랐다. 본스 사람들은 주로 멘데족으로, 시에라리온에서 가장 큰 민족 집단이자 대서양 노예무역으로 아주 큰 피해를 본 집단 가운데 하나였다. 영국 제국에서 노예제가 공식 폐지된 뒤에도 노예사냥은 한동안 계속되었다. 아이사투는 이 이야기를 어린 시절 내내 들으며 자랐다.

  여기서 나는 아이사투의 삶을 단순히 가난하거나 억압받은 것으로만 바라보지 않도록 주의하고 싶다. 물론 아이사투는 영양실조가 흔했던 마을에서 자랐는데, 특히 열 살 무렵 아버지를 잃은 뒤로는 배곯는 일이 예사였다. 그럼에도 아이사투는 본스에서 보낸 어린 시절을 행복하게 기억한다. 학교에 다니면서 일요일마다 교회에 가던 시절을 '신나고, 신나고, 신났던 때'라고 회상했다.* 아이사투는 학교 다니는 걸 무척 좋아했으며, 공부도 잘했다. 또한 친구

---

* 멘데족 중 약 70퍼센트는 무슬림이지만, 종교가 다른 사람끼리 공동체를 이루거나 결혼하는 일도 흔하다. 아이사투의 가족은 복음주의 기독교 신자였다.

들과 즐겁게 어울렸는데 주위에는 늘 아이사투를 잘 알고 챙겨주는 또래 친구들이 있었다. 아이들은 함께 놀이를 만들고, 그 놀이의 규칙을 두고 티격태격하기도 했다. 아이사투가 어린 시절을 내게 들려줄 때면 나는 문득 니키 조반니Nikki Giovanni의 1968년 시 〈니키-로사Nikki-Rosa〉〔시인의 어린 시절 별명〕가 떠오른다. 시는 이렇게 시작된다.

어릴 적 기억을 떠올리자면 언제나 좀 짜증스럽지.
그대가 아마 흑인이라면
우드론〔시카고의 지명〕에 살던 때를 늘 기억할 테지.
실내 화장실도 없던 그 집
그런데 유명해지기라도 하면
사람들은 절대 말하지 않겠지.
엄마를 혼자 온전히
차지할 수 있어서 얼마나 행복했는지
또 목욕물이 얼마나 기분 좋았는지도.
그 물을 받은 욕조는
시카고 사람들이 바비큐 할 때 쓰던 고철 욕조였다지.

한 번은 아이사투가 어린 시절을 이야기해 줄 때 통역자가 '엮여 있다woven'라는 표현을 썼다. "저와 친구들은 서로 엮여 있었어요. 저는 시에라리온 남부의 안전하고 안정적인 마을에서 자라본 적은 없지만 사회적 직물social fabric 속에 단단히 엮여 있다는 느낌, 세상과 떨어진 존재가 아니라 짜인 직물의 일부로 살아간다는 느낌으로 얻는 기쁨은 알고 있어요." 아이사투는 자신의 어린 시절을 늘 그렇게 이야기해 왔다. 그러다 전쟁이 발발했다.

1991년, 아이사투가 스물세 살이 되던 해에 시에라리온에 길고 참혹한 내전이 발발했다. 이 전쟁은 결국 5만 명이 넘는 시에라리온인의 목숨을 앗아갔고, 수백만 명에게 깊은 트라우마를 남겼다. 아이사투는 전쟁이 특히 두려웠던 이유를 전쟁에 참전 중인 어느 쪽이든 간에 언제라도 마을로 들이닥쳐서 약탈하고 불태우고 공동체 전체를 학살할 수 있었기 때문이었다고 설명했다. 무서운 건 개인의 죽음만이 아니라 공동체 전체가 소멸할 수 있다는 점이었다.

아이사투의 가족은 다른 많은 이들처럼 프리타운으로 피신했다. 프리타운은 최악의 폭력으로부터 그나마 격리된 공간으로 보였다. 삶에서 비교적 평온했던 그 시기에 아이사투는 교회 예배 중 헨리의 아버지를 만나게 됐다. 하지만 헨리를 임신했다는 사실을 막 알게 됐을 무렵, 전쟁은 프리타운에도 들이닥쳐 반군이 도시를 장악했다. "딱히 머물 곳이 없었어요. 전쟁하는 사람들이 프리타운 안을 돌아다니면서 사람들을 죽였거든요." 아이사투는 내게 말했다. "친구 집, 친척 집을 전전했어요. 살면서 가장 힘들었을 때였죠. 임신 중이었는데 먹을 것도 없고 진료소에도 못 갔어요. 어떤 날은 잘 데도 없었어요. 그때는 정말이지 하나님의 은혜로 겨우 살아남았지요."

헨리는 진료소에서 태어났지만, 두 살 어린 여동생 페이버Favor가 태어날 즈음에는 프리타운의 진료소와 병원의 재정과 인력이 턱없이 부족해 아이사투는 집에서 출산하는 편이 더 안전하다고 판단했다. 2002년, 전쟁이 끝났을 때 아이사투는 서른네 살의 두 아이 엄마가 되어 있었다. 대학에 진학하겠다는 꿈은 이미 오래전에 접고서, 그녀의 자매와 함께 시장에서 식용유와 청소용품을 팔며 생계를 이어갔다.

처음 아이사투와 이야기를 나눴을 때 아이사투는 내 아내와 아이들 이름이 어떻게 되냐고 물었다. "세라, 헨리, 앨리스예요." 내가 대답했다. 우리는 통역자를 거쳐 대화하고 있었기에 아이사투가 갑자기 영어로 되받아 말했을 때 깜짝 놀랐다. "와이프 세라, 차일드 헨리, 차일드 앨리스." 그러고는 덧붙였다. "그분들을 위해 기도할게요." 누군가가 우리를 위해 기도해 주겠노라 하면 빈말처럼 들릴 때도 있다. 하지만 아이사투의 말은 그렇지 않았다.

4장

막대한 부로도 막을 수 없는

인류의 역사에서 질병이 거의 주목받지 못했다는 사실은 참으로 이상하다. 대학 시절 인류사 개론 수업에서 전쟁, 제국, 교역로와 관련해서는 많이 배웠지만, 미생물에 관해서는 거의 들은 적 없다. 질병이라는 것이 인간의 삶을 깊이 규정짓는 요소임에도 말이다. 버지니아 울프는 《아픈 것에 관하여On Being Ill》에서 이렇게 썼다. "가벼운 독감에만 걸려도 영혼의 황무지와 사막을 마주하게 된다는 걸 생각해 보면 … 질병이 사랑, 전쟁, 질투처럼 문학의 주요 주제로 자리잡지 못했다는 사실은 참으로 기이하다."

어쩌면 이런 현상은 고통의 본질 때문일지도 모른다. 바버라 두덴Barbara Duden은 이렇게 썼다. "고통은 몸 안에 있다. 누군가 기록해 두지 않으면 역사가에게 아무 흔적을 보여주지 않는다." 하지만 우리가 질병을 외면하는 또다른 이유가 통제력과 자율성에 대한 편향 때문이 아닌지 난 궁금해진다. 우리 인간은 각자의 삶을 직접 조종하는 배의 선장이고, 인류의 역사는 인간의 선택을 중심으로 쓰인 이야기라고 믿고 싶어한다. 어쩌면 이것이 알렉산드로스 대왕이 독살 당했다는 소문이 수천 년 동안 끊이지 않았던 이유일지도 모른다. 알렉산드로스 대왕의 사인은 장티푸스나 말라리아였음이 거의 확실한데도 말이다. 가장 강력한 황제조차 단순히 감염으로 쓰러질 수 있는 세상을 우리는 받아들이고 싶어하지 않는다. 하지만 안타깝게도 역사는 우리가 무엇을 했는지의 기록일 뿐만 아니라 우리에게 어떤 일이 일어났는지의 기록이기도 하다.

우리는 결핵이 매우 오래전부터 인류와 함께해왔다는 사실을 알고 있다. 5천 년 전 고대 이집트의 미라에서도 결핵균이 뼈를 파고들면서 생기는 전형적인 기형이 발견된다. 결핵균은 뼈에 미세한 구멍을 내며 갉아먹어서 뼈를 마치 죽은 산호처럼 보이게 한다. 결핵은 1492년 콜럼버스의 대서양 횡단으로 시작된 콜럼버스 교환〔구대륙과 신대륙 사이에 이뤄진 대규모 교류 현상〕이전부터 아메리카 대륙과 아프로-유라시아 대륙 양쪽에 모두 존재했던 극소수의 감염병 중 하나였다. 고고학적 증거에 따르면 아메리카 대륙에는 최소 2천 년 전부터 결핵이 있었던 것으로 보이고,* 중국에서는 최소 5천 년 전부터 존재했던 듯하다. 하지만 최근의 유전자적 증거는 더 오래전까지 거슬러 올라갈 수도 있다고 말한다. 즉 우리 종은 약 30만 년 전에 출현했지만, 3백만 년 전의 고인류도 결핵류의 질병에 걸린 것으로 보인다. 실제로 결핵은 세계에서 가장 오래된 감염병으로 기네스 세계 기록에 등재되어 있다.

고대 중국에서는 결핵을 '폐의 소모'를 뜻하는 용어로 불렀다. 고대 히브리어에서는 결핵을 샤케페트schachepheth라 했는데 이는 '쇠약해짐'을 의미하며, 유대교 경전인 《타나크Tanakh》에도 언급되어 있다. 유명한 고대 그리스 의사 히포크라테스 역시 결핵에 대한 글을 남겼는데, 우리가 앞서 살펴본 대로 고대 그리스어로 '쇠락'를 의미하는 단어에서 파생된 프티시스phthisis로 지칭했다.

히포크라테스는 이렇게 말했다. "모든 질병 가운데 결핵은 제일 악성이고 다루기 힘들며, 가장 많은 목숨을 앗아간 병이다." 그는 제자들에게 결핵을 치료하려는 시도조차 하지 말라고 조언하기도 했다. 어차피 실패할 테고, 그러면 서툰 의사로 보일 테니 말이다.

서기 200년경, 결핵을 일컫는 새로운 중국어 표현이 등장했다. 바로 화이푸壞府, 즉 '무너진 기관'이라는 뜻이다. 당시의 한 중국 의학서에는 이렇게 쓰여 있다. "아무리 강한 약물로도 고칠 수 없고, 침술로도 잡을 수 없다."

몸이라는 기관의 붕괴나 신체의 소멸을 가리키는 이런 이름들은 모두 결핵의 중요한 한 측면을 반영한다. 바로 식욕 부진과 극심한

• 결핵에 걸린 바다표범이 아프로-유라시아에서 아메리카로 결핵을 옮겼을 가능성이 있다.

복통 탓에 체중 감소를 비롯해 몸이 소진된다는 점이다. 따라서 결핵은 20세기까지도 널리 '소모병'이라 불렸다. 몸을 말리고 수축시켜서 마치 몸 자체가 닳아 사라지는 병처럼 보였기 때문이다. 8백여 년 전, 도교 도사들은 이 병을 시자이屍瘵, 즉 '시체병'이라고 불렀다. 산 자를 시체로 바꾸는 병이었기 때문이다.

다른 많은 질병과 달리 결핵은 인류 역사 대부분에 걸쳐 차별 없이 목숨을 앗아갔다. 부자와 빈자, 어리석은 자와 영리한 자 누구든 가리지 않았다. 찰스 디킨스는 결핵을 '막대한 부로도 막을 수 없는 병'이라 했는데, 실제로 19세기 최고 부자였던 미국의 철도 재벌이자 금융가 제이 굴드Jay Gould도 결핵의 희생자였다. 영국의 작가 존 번연John Bunyan은 결핵의 편재성과 치명성을 들어 '죽음을 몰고 오는 질병 중 우두머리'라 불렀다. 결핵으로 목숨을 잃은 이들로는 잉글랜드의 왕 헨리 7세, 미국의 시인 폴 로런스 던바Paul Laurence Dunbar, 미국의 영부인 엘리너 루스벨트Eleanor Roosevelt, 중국의 건축가 린후이인林徽因, 베네수엘라의 독립운동가 시몬 볼리바르Simón Bolívar, 오스트리아-헝가리 제국의 소설가 프란츠 카프카, 프랑스의 왕 루이 13세, 영국의 시인 존 키츠John Keats, 오스만 제국의 술탄 마흐무트 2세, 영국의 소설가 브론테 세 자매가 있다.

결핵은 감염과 치사가 매우 느리게 진행된다. 따라서 감염자가 생기면 며칠 내로 온 집안이 병에 걸리는 방식으로 한 집단을 휩쓰는 감염병과는 다르게 보였다. 콜레라처럼 극빈층을 주로 덮치는 병도 아니었다. 암이나 심장병처럼 주로 한 사람만 감염시키고 거의 전파되지 않는 병도 역시 아니었다. 때로는 집안 전체가 결핵에 걸리는 것처럼 보이기도 했고, 또 어떤 때는 무작위로 병이 퍼지는 것처럼 보이기도 했다. 예컨대 루이 13세는 결핵으로 사망했지만, 부인과 자녀들은 감염되지 않았다.

결핵은 다른 감염병들과 본질적으로 너무 달랐기 때문에 고전 시대에 이 질병은 매우 다양하게 이해되었다. 고대 중국에서는 전염성 있는 병이긴 하나, 생활 습관으로 악화될 수 있다고 생각했다 (어떤 책에서는 지나치게 마음을 쓰고 기력을 소진하면, 기가 손상되고 정기가 흩어져서 결핵에 걸린다고 주장했다). 고대 그리스의 히포크라테스는 결핵을 유전병으로 보아 '결핵 환자가 결핵 환자를 낳는다'라고 주장했다. 반면 다른 그리스인들, 특히 의사 갈레노스는 결핵이 감염병이라 믿었다. 고대 인도에서는 결핵이 지나친 피로, 불안, 기아로 발생한다고 여겼다. 그밖의 지역에서는 저주를 받거나 독이 오르거나 악령에 씐 결과로 보기도 했다.

일부 고전 사상가들은 현미경이 등장하기 훨씬 이전에 이미 세균론 Germ Theory 에 근접하기도 했다. 약 1천 년 전, 페르시아의 학자이자 시인인 이븐 시나Ibn Sina는 결핵을 비롯한 여러 질병이 '맨눈으로 보이지 않는 오염된 외부 유기체에 의해 몸이 오염될 때' 발생한다고 썼다.

이븐 시나가 처음으로 결핵의 원인이 눈에 보이지 않는 미생물일 수 있다고 주장한 지 7백 년이 지나도록 여전히 효과적인 치료법은 등장하지 않았다. 이븐 시나는 결핵 치료에 마늘을 추천했는데, 실제로 마늘에 항균 성분이 있긴 해도 병을 제대로 치료하기엔 역부족이었다. 인도의 여러 의서에서는 고기 섭취, 음주, 휴식 등을 포함한 다양한 치료법이 권장되었다. 충분한 영양 섭취와 휴식은 모두 활동성 결핵 치료에 도움이 되며, 특히 결핵 발병을 예방하는 데 가장 효과적이다. 유럽에서는 사혈bloodletting이 흔한 (그러나 완전히 비효과적인) 치료법이었다. 아메리카 대륙에서는 약초 요법이 쓰였는데, 일부 약초는 결핵을 완전히 치료하진 못했어도 증상 완화에는 도움이 됐다. 결핵 치료법으로는 대머리수리의 지방을 가슴에 바르는 것에서부터 모유를 마시는 것, 동물을 제물로 바치는 것, 침을 놓는 것에 이르기까지 전 세계적으로 매우 다양했다. 그러나 결핵 치료의 효과를 판별하기 어려웠던 이유가 있다. 어떤 사람은 병이 나은 듯 보이다가 다시 앓기 시작했고, 또 어떤 사람은 치료받은 후에 병이 생긴 듯하더니 오히려 회복하기도 하는 등 양상이 매우 불규칙했기 때문이다. 이처럼 결핵은 좀처럼 이해하기 어려운 병이었다.

다만 그 점에 있어서는 지금도 크게 달라지지 않았다. 결핵은 여러모로 이상한 병이다. 이 병은 감염된 뒤 수십 년 잠복할 수도, 평생 잠복해 있을 수도 있다. 병의 진행 경과도 예측할 수 없다. 몇 달 만에 환자가 죽기도 하고 여러 해에 걸쳐 서서히 나빠지기도 하지만, 어떤 경우에는 전혀 사망에 이르지 않기도 한다. 치료가 효과를 보이는 듯하다가도 병이 갑자기 맹렬하게 재발하기도 하는데, 그 이유는 여전히 명확히 밝혀지지 않았다.

이처럼 별난 양상의 상당 부분은 바로 이 전염성 병원체 자체와 관련되어 있다. 현재 전 세계적으로 20억 명 이상이 결핵균에 감염된 상태다. 이는 결핵의 전염력이 얼마나 강한지를 보여준다. 즉 치료받지 않은 활동성 결핵 환자 한 명은 1년에 평균 10~15명에게 결핵을 옮긴다.• 혼잡한 시내버스를 타거나, 밤에 환자 옆에서 자거나, 가까운 거리에서 일하는 것만으로도 결핵에 걸릴 수 있다. 드물게는 다른 포유류로부터도 감염될 수 있다. 결핵균에 감염된 바다표범의 고기를 먹거나 감염된 소의 생우유를 마실 때가 바로 이에 속한다.

결핵균은 감염의 진행 속도가 매우 느려서 인간을 목표물로 삼는다면 거의 완벽에 가까운 포식자라 할 수 있다. 또한 결핵균은 성장 속도가 비정상적으로 느리다. 대장균은 실험실 환경에서 약 20분에 한 번 분열하지만, 결핵균은 하루에 한 번 정도만 분열한

• 평균적으로 독감 환자 한 명은 1~2명에게 감염시키고, 코로나19 환자 한 명은 1.4~2.4명에게 감염시킨다.

다. 이처럼 증식속도가 느리기에 감염된 사람이 실제로 병을 앓기까지는 훨씬 더 오랜 시간이 걸린다. 결핵균 수가 낮은 수준으로 오래 유지되는 가운데, 면역 체계는 병원체에 맞서 방어할 시간을 확보할 수 있기 때문이다.

하지만 문제가 있다. 결핵균이 느리게 증식하는 이유는 유달리 지방질이 많고 두꺼운 세포벽을 만드는 데 시간이 오래 걸리기 때문이다. 결핵균의 세포벽은 면역계에 있어 매우 까다로운 상대다. 백혈구가 결핵균의 세포벽을 뚫고 내부의 균을 제거하기가 어렵기 때문이다. 실제로 결핵균의 세포벽이 너무 단단해서 백혈구는 결핵균을 직접 공격하는 대신 그 주위를 둘러싸 석회화 조직 덩어리를 만들어내는데, 이를 결절tubercle이라고 한다.* 결핵균은 결절 내부에서 아주 천천히 증식하며 죽은 조직을 영양분 삼아 살아남는다. 이런 감염 형태는 잠복 결핵latent tuberculosis이라고 알려져 있으며, 대부분은 평생 발병하지 않는다. 실제로 결핵균에 감염된 사람 대부분은 발병하지 않는데, 결절이 결핵균을 내부에 가둔 채 활발하게 발전하지 못하도록 막기 때문이다. 그러나 전체 감염자의 5~10퍼센트는 면역계가 모든 결핵균을 결절로 둘러싸는 데 실패하거나, 일부 결핵균이 폐나 다른 장기 안에서 증식을 거듭하기도 한다. 신체는 점차 감염에 압도당해 (또 그에 따른 면역 반응의 염증이 일어나) 결국 사망에 이른다.

---

* 결절은 둥글게 부푼 덩어리 형태를 뜻한다. 예컨대 감자도 그런 모양새다.

대부분의 활동성 결핵은 초기 감염 후 2년 이내에 발병한다. 하지만 어떤 때에는 수십 년 동안 잠복해 있다가 갑자기 활동성 결핵으로 폭발하듯 발병하기도 한다. 활동성으로 전환되는 요인이 명확할 때도 있다. HIV 감염으로 인한 면역 체계 손상, 영양실조, 스트레스, 대기오염 등이 결핵을 유발하는 트리거가 될 수 있다. 궤양성 대장염과 같은 자가면역 질환을 치료하는 면역억제제도 잠복 결핵을 활동성 결핵으로 바꿔놓을 수 있다. 그래서 미국인이라면 약 광고에서 결핵이 부작용 중 하나라는 말을 들어봤을 것이다. 하지만 때로는 원인이 불분명하다. 몸속 균형이 어떤 방식으로든 무너지면 신체가 서서히 결핵균에 압도당하게 된다.

일단 결핵이 활동성으로 발병되면 그 진행 양상은 매우 예측하기 어렵다. 이유는 아직 명확히 밝혀지지는 않았는데, 일부 환자는 치료받지 않고도 회복된다. 어떤 이들은 폐질환, 극심한 피로, 고통스러운 골격 변형과 같은 영구적인 장애를 안고 수십 년 생존하기도 한다. 그러나 치료받지 못한 대부분의 활동성 결핵 환자는 결국 사망하게 된다. 환자들의 폐는 파괴되거나 체액으로 가득 차며, 건강한 폐 조직이 거의 남지 않아 숨쉬기 불가능해진다. 또한 뇌나 척수까지 감염되기도 하고, 혹은 갑작스럽게 통제되지 않는 출혈로 폐가 피로 가득 차면서 순식간에 목숨을 잃기도 한다.

자, 이제 1804년으로 돌아가 보자. 제임스 와트의 아들 그레고리가 결핵으로 숨졌다. 같은 해 5월에는 나폴레옹 보나파르트가 프랑스 황제로 즉위했고, 7월에는 미국 제3대 부통령 에런 버Aaron Burr가 미국 초대 재무장관 알렉산더 해밀턴Alexander Hamilton에게 결투를 신청해 총으로 쐈다. 이 모든 일이 까마득한 옛날이야기처럼 들릴 수 있으나 사실 그렇게까지 먼 과거는 아니다. 2025년 현재까지 약 1170억 명의 현생 인류가 살아왔는데 그중 1천 억 명 이상이 1804년 이전에 태어났다. 지금까지 인류에게 일어난 거의 모든 사건과 이 세상을 살다가 떠난 거의 모든 사람은 1804년 이전에 존재했다는 뜻이다.

1804년의 인류는 보건 측면에서는 오늘날과 전혀 다른 삶을 살았다. 남아메리카의 원주민들은 기나나무 껍질을 발견해 말라리아 예방의 효과적인 수단으로 썼다. 서아프리카인들과 튀르키예인들은 천연두의 위험을 줄이기 위한 접종법을 개발해 냈다. 일부 질병에는 꽤 효과적인 치료법도 존재했다. 항균 성분이 있는 식물들은 전통 약제로 널리 사용했고(살리실산Salicylic acid은 후에 아스피린의 기초 성분이 됐다), 천연 항염 성분도 활용했다. 하지만 질 높은 보건의료 개입은 상대적으로 거의 없다시피 해 1804년 당시의 인류 평균 기대수명은 1천 년 전 무렵과 큰 차이가 없었다.

외과 수술은 대체로 치명적이었다. 비록 수술 자체로 사망하지 않더라도 며칠 뒤에 생기는 세균 감염으로 사망하곤 했다. 당시 세계 어느 도시도 제대로 된 하수 처리 시설을 갖추거나 깨끗한 물을 안정적으로 공급하지 못했다. 또한 의사에게 치료받았다고 해서 신앙 치료사에게 의지한 사람보다 살아날 확률이 높았던 것도 아니었고, 오늘날 우리가 '현대 의학'이라 부르는 것 대부분은 존재하지도 않았다. 현재의 병원을 떠올려보자. 그다음에 1804년에는 없었던 항목들을 하나씩 지워보자. 당연히 세균성 질병을 치료할 수 있는 항생제는 없었고(최초의 항생제는 1945년에 등장했다), 항바이러스제도 없었으며(1967년에 나왔다), 소독제나 그런 비슷한 개념조차 없었다. 미생물이 병을 일으킬 수 있다는 사실을 아무도 몰랐기 때문이다.

그리고 타진기打診器도 없었다. 무릎이나 팔꿈치의 신경 반응을 확인할 때 쓰는 이 작은 도구는 1888년 이전에는 존재하지 않았다. 검이경檢耳鏡도 없었다. 귓속 고막을 들여다보기 위해 빛과 확대 렌즈를 사용하는 이 도구는 1830년대가 되어서야 발명됐다. 심장, 폐, 위장관의 소리를 듣는 데 필수적인 청진기는 1816년에 처음 개발되었다. X선(1895년)도, 혈압 측정기(1881년)도 역시 없었기 때문에 살아 있는 사람의 몸속을 들여다보거나 이해할 방법은 사실상 존재하지 않았다.

당시 몸이란 전적으로 외부로 드러나는 현상이라고 믿었기에 유럽 의학은 내부에서 외부로 흘러나오는 각종 체액의 흐름에 큰 의미를 부여했다. 혈액, 점액, 황담즙, 흑담즙이라는 이른바 '네 가지

체액'이 균형을 이뤄야 건강을 유지할 수 있다고 믿었다. 질병은 이 체액들 사이의 균형이 깨진 상태, 즉 어떤 체액이 지나치게 많거나 적은 상태라고 여겼다. 따라서 병의 치료법으로는 거머리를 이용해 사혈하기, 구토를 유도해 담즙의 양을 조절하기, 환자에게 점액을 삼키지 말고 모두 뱉어내도록 지시하기 등의 방법이 사용되었다.

이 시대의 의학 수준을 이해해 보려 애쓸 때면 종종 18세기의 의사 요한 슈토르히Johann Storch가 떠오른다. 슈토르히 박사가 남긴 환자의 기록은 바버라 두덴의 훌륭한 저서 《피부 아래의 여성The Woman Beneath the Skin》의 주요 소재가 되었다. 책 속 한 대목에서 슈토르히 박사는 한 재단사의 조수가 핀을 삼키자 그 핀이 어디로 나올 수 있을지를 상상해 본다. "핀은 거의 모든 곳으로 빠져나올 수 있다. 그러니까 배꼽 옆의 멍울에서, 소변을 통해, 대변과 함께, 질을 통해, 종아리 안쪽의 종기에서, 혹은 18년이 지난 후에 다리를 통해 나올 수도 있다." 이를테면 지금으로부터 사람이 세 번 태어나고 죽은 만큼의 세월밖에 지나지 않았는데, 당시 독일의 숙련된 의사조차 사람 몸에 소화기관이 있다는 사실을 까맣게 몰랐다는 뜻이다.

그렇다면 그 시절에는 어떻게 진단했을까? 주로 환자의 병력과 외형 관찰을 통해서 진단을 내렸다. 이는 오늘날에도 남아있는 진료의 핵심 요소지만, 우리는 이제 신체와 그 작동 방식에 대해 훨씬 더 정교한 관찰 도구를 갖고 있다. 고전 시대의 의사는 일종의 탐정과 같아서* 의사의 임무는 누군가의 이야기를 주의 깊게 듣고 외형을 면밀하게 관찰한 다음, 그 모든 정보를 바탕으로 범인을 찾아내는 것이었다.

1804년쯤에 이르러 결핵은 전 세계적으로 가장 흔한 사망 원인이 되었고, 그만큼 세계 곳곳의 보건의료인들도 대표적인 증상을 잘 알고 있었다. 예를 들어 환자가 아침에 잠에서 깼을 때 침구가 땀에 흠뻑 젖어 짜내야 할 정도라면 우려할 만한 신호였다. 체중 감소 또한 걱정스러운 증상 중 하나였다. 처음에는 마른기침이 계속되다가 나중에는 객담이 섞인 기침으로 이어질 때도 마찬가지였다. 또 하나의 판단 기준은 병이 점진적으로 악화됐다는 환자의 설명이었다. 몇 달 혹은 몇 년에 걸쳐 점점 달리거나 걸을 수 없게 되거나, 1년 가까이 치료를 받았는데도 기침이 낫지 않으면 의사들은 결핵을 강하게 의심했다.

또다른 주요 증상은 피였다. 의사는 환자가 각혈하거나 피 섞인 가래를 뱉었다고 말하면 결핵일 가능성이 유력하다고 진단했다. 피 섞인 가래는 결핵을 알리는 핵심 징표가 되었고, 때로는 그 한 장면이 플롯 전체를 끌고 가기도 했다. 영화 〈물랑 루즈〉의 사틴이든, 오페라 〈라 트라비아타〉의 비올레타든, 드라마 〈더 그레이트 The Great〉의 벨레멘토프 장군이든, 게임 〈레드 데드 리뎀션 2 Red Dead Redemption 2〉의 아서 모건이든 간에 누군가 손수건에 묻은 피를 바

● 나중에 다시 이야기하겠지만 셜록 홈스라는 추리 탐정을 창조한 아서 코난 도일 경이 실제로 의사이자 결핵 연구자였다는 사실은 결코 우연이 아니다.

라보는 장면이 나오면 우리는 그들의 비극적인 최후가 다가왔음을 직감하게 된다.

내가 가장 좋아하는 결핵 관련 스탠드업 코미디 루틴(그렇다. 나는 결핵을 주제로 한 스탠드업 코미디에도 좋아하는 루틴이 있다)은 나오미 에크페리긴Naomi Ekperigin의 오프닝으로 시작된다. 그녀는 요즘 미국이 얼마나 망가졌는지 모른다며 이렇게 운을 뗀다. "만약 미국이 영화 속 인물이라고 생각해 보면요. 그 여자는 아마 지금쯤 헝겊에 기침하고는, 아시죠? 그걸 들어 올려 피를 보는 장면일 겁니다." 관객들은 폭소를 터뜨린다. 왜냐하면 미국인 대부분은 지금도 결핵에 대해 아는 바가 거의 없지만 헝겊에 묻은 피가 무엇을 의미하는지는 다들 알고 있기 때문이다.

오늘날 우리는 이 익숙한 증상들이 폐결핵과 관련되어 있다는 사실을 알고 있다. 하지만 결핵균은 몸의 다른 부위에도 침투할 수 있으며, 전혀 다른 방식으로 증상을 드러내기도 한다. 고전 의학에서는 오늘날 결핵으로 묶이는 질환들을 서로 다른 병이라 여겼다. 췌장에서부터 척수, 림프계, 뇌에 이르기까지 결핵에 감염될 수 있으며, 그로 인한 질환도 매우 다양하다. 예를 들어 뇌가 붓는 병(결핵성 수막염), 감염된 림프샘이 피부를 뚫고 터져 나오는 병(림프샘 결핵), 엉덩이뼈, 척추, 팔다리뼈를 파괴해 평생 장애를 남길 수 있는 골결핵 등이 있다.

척추에 생긴 결핵은 포트병Pott's disease이라 불리는데, 등이 굽는 심각하고 고통스러운 질환의 흔한 원인이 된다. 《노트르담의 꼽추》

속 등장인물도 바로 이 병을 앓고 있었다.

    1804년 당시까지만 해도 이런 모든 질병이 동일한 원인에서 비롯된 것인지 의견이 분분했지만, 의사들은 부검을 통해 폐결핵이 폐에 일으키는 변화와 신체 다른 부위에 일으키는 변화 사이에 유사점이 있음을 알아차렸다. 결핵의 전형적인 징표인 결절, 즉 하얀 조직이 덩어리처럼 뭉쳐 있는 구형 구조는 폐는 물론 다른 장기에서도 발견되었다. 마치 재단사의 조수가 삼켰던 바늘처럼 결핵은 이유를 알 수 없는 방식으로 신체 어디에서든 나타날 수 있는 것처럼 보였다.

5장
눈 깜짝할 사이 빠져나가는

헨리는 아기였을 때 자주 울었다. 아이사투는 늘 아들이 아픈 건 아닌지 걱정하곤 했다. 무엇보다도 헨리에게 줄 음식이 언제나 부족했다. 하지만 세 살이 되자 헨리는 제법 건강해 보였고, 영유아기의 위기를 무사히 넘긴 듯했다. 그리고 마침내 전쟁도 끝났다. 헨리는 프리타운의 한 동네에서 친구들과 어울려 놀기를 무척 좋아했는데, 유치원 교복을 어찌나 자주 더럽혔던지 아이사투는 거의 매일 손빨래를 하거나 빨래할 물을 길어 와야 했다. 아이사투는 헨리가 다섯 살이던 어느 날을 기억한다. 헨리는 친구와 자전거를 타고 언덕을 내려가던 중에 자전거가 갑자기 부서지면서 균형을 잃었다. 우기가 한창이던 그때, 헨리는 빗물이 가득 고인 배수구에 머리부터 떨어졌다. 아이사투는 그날 바로 헨리를 병원에 데려갔어야만 했다. 헨리는 원체 활기차고 에너지 넘치는 아이였다. 그래서였을까, 아이사투는 점차 뭔가 잘못됐다는 걸 알 수 있었다. 헨리는 여섯 살쯤부터 점점 기운 없이 축 처진 모습을 보이기 시작했다.

한편 헨리의 여동생 페이버는 정말로 이름처럼 '은총favor'을 받고 태어난 것처럼 보였다. 병치레도 거의 없었고 교복은 언제나 말끔했으며, 유치부에서도 훌륭한 학생이었다. 헨리는 매일 학교 앞에서 동생을 기다렸다가 함께 집으로 걸어오곤 했던 일을 잊지 않았다. 터울은 크지 않았어도 그 순간만큼은 언제나 자신이 든든한 오빠가 된 기분이었다.

그러나 헨리의 병세가 나빠지면서 아이사투의 인생 모든 부분이 점점 더 고달파졌다. 아이사투의 남편이자 헨리와 페이버의 아버지는 집을 떠나버렸다. 종종 남편과 연락을 주고받고 지원도 약간씩 받았지만, 남편이 함께 살고 있지 않다는 것 자체로 그녀는 완전히 버려진 기분이 들었다. "돈 문제로 아주 힘들었어요." 아이사투는 내게 말했다. "나가서 향수나 식용유를 팔려고 해봤지만 아무도 사지 않았지요. 그게 참, 너무나도 낙담에 빠졌답니다. 돈이 생기면 항상 헨리와 페이버 교육에 썼어요. 학비는 꼭 냈어요. 제대로 배우지 않으면 미래가 없다는 걸 알고 있었으니까요. 하지만 헨리가 아프기 시작하면서 저희 가족은 너무 많은 제약을 받으며 살아가게 됐어요."

모든 것은 기운 없고 축 처진 모습과 기침으로 시작되었다. 아이사투는 헨리를 데리고 한 진료소를 찾았고, 결핵으로 의심했지만 첫 검사는 음성으로 나왔다.* 아이사투는 헨리가 말라리아나 다른 병에 걸렸을 수 있다는 설명을 들었다. 하지만 헨리의 상태는 점점 나빠져 곧 밤마다 이불을 땀으로 흠뻑 적셨고, 몸이 너무 아파 학교에도 갈 수 없게 되었다. 이윽고 헨리와 아이사투 두 사람 모두 결핵 진단을 받아 곧바로 치료받기 시작했다. 네 가지 약물을 매일 복용하는 표준 치료법이었다. 말라리아, 결핵, HIV와 에이즈 퇴치를 지원하는 더 글로벌펀드의 도움으로 무상 치료가 제공되었다. 그럼에도 매일 불편하게 진료소까지 걸어가야 하거나 교통비를 따로 부담해야 했기에 그렇지 않아도 불안정했던 모자의 삶에 또다른 부담이 더해졌다. 그래도 두 사람은 한동안은 꾸준히 치료를 이어갔다.

헨리가 처음 병에 걸렸을 때는 대부분의 저소득국 결핵 환자들과 마찬가지로 RIPE** 약물 치료를 받았다. RIPE 약물은 리팜핀

• 2000년대 초, 헨리가 처음 병에 걸렸을 당시 시에라리온에서 결핵을 진단하는 방식은 여전히 환자의 객담을 염색한 슬라이드를 현미경 아래에 놓고 막대 모양의 결핵균이 보이는지를 확인하는 방식이었다. 안타깝게도 이 진단법은 전체 결핵 환자의 절반가량을 놓치는데, 특히 어린아이의 감염 여부를 더욱 놓치기 쉽다. 그런데 더 안타까운 것은 2025년이 된 지금까지도 시에라리온에서는 여전히 이 검사가 결핵 진단의 주된 수단이며, 정확도가 매우 낮다.

•• 'RIPE'는 미국에서 주로 쓰이는 약어로, 미국 외 다른 지역에서는 'HREZ'라고 부른다. 글로벌 보건 커뮤니티는 약어를 워낙 좋아해서 같은 것을 가리키는 약어를 두 개 이상 만들어내기도 한다.

Rifampin, 이소니아지드Isoniazid, 피라진아미드Pyrazinamide, 에탐부톨Ethambutol이라는 네 가지 약물을 조합한 치료제다. 약물의 이름을 굳이 하나하나 외울 필요는 없다. 하지만 네 가지 모두 개발된 지 50년이 넘었으며, 이미 결핵의 여러 양상이 이 네 약물 중 한 가지 이상에 내성을 보이게 되었다는 점은 기억해 둘 만하다. 이런 상태를 약제내성 결핵, 즉 DR-TBDrug-Resistant Tuberculosis라고 부른다. 헨리가 처음 결핵 진단을 받았을 때는 약제내성을 빨리 가려내는 신속 분자진단검사가 아직 개발되기 전이었다. 내성을 확인하려면 헨리의 객담에서 결핵균을 배양해 각각의 약물에 대해 하나하나 시험하는, 시간과 비용이 많이 드는 과정을 거쳐야만 했다. 당시 (지금도 마찬가지이지만) 대부분의 결핵 환자는 일단 이 오래된 1차 약물로 치료를 시작하고 이후에 치료에 실패했을 때만 약제내성 검사를 받는 경우가 일반적이었다.

약제내성은 결핵균류에 처음부터 존재하기도 하지만 치료를 시작한 뒤에 나타나기도 한다. 특히 치료가 충분히 이루어지지 않으면 더욱 그렇다. 헨리의 내성이 언제 어떻게 생겼는지는 결코 알 수 없다. 하지만 처음에는 헨리가 치료에 잘 반응하는 편이었다. 갑자기 잠시 헨리의 인생에 다시 끼어든 헨리의 아버지가 진료를 중단하라고 강하게 주장하기까지는 그랬다. 치료를 시작한 지 석 달이 지났을 무렵, 헨리의 아버지는 약이 효과가 없다고 확신했다. 아버지는 헨리에게 약을 끊으라고 요구하고 전통 신앙 치유사에게 데려갔다. 헨리의 아버지는 이렇게 말했다. "이 병은 의사가 손댈 병이 아닙니다. 신께서 당신의 치유사를 통해 고치실 병입니다."

아버지의 선택을 비판하기 쉽겠지만 2006년 당시 시에라리온의 보건의료체계를 신뢰할 만한 이유가 거의 없었다는 점도 기억할 필요가 있다. 내전 이래 국가의 많은 체계가 붕괴되었는데, 보건의료도 예외가 아니었다. 대부분의 병원에는 수도와 전기가 잘 공급되지 않았다. 유급 인력이나 제대로 작동하는 X선 장비가 없는 곳도 많았다. 결핵 치료제를 포함한 의약품은 자주 동이 나서 설령 헨리가 치료를 받았더라도 끝까지 마치긴 어려웠을 터이다.

게다가 한동안은 기도나 약차 마시기 같은 전통 신앙 치유사의 처방이 효과를 내는 듯 보였다. 또한 의료 시스템과는 달리 전통 신앙 치유사들은 헨리 부자를 여느 평범한 사람처럼 대했다. 헨리를 두려움의 대상인 감염병 환자가 아니라 치료받아야 할 한 명의 어린이로 바라본 것이다.

우리는 질병을 어떻게 치료하는지에는 많은 관심을 기울이지만, 질병을 어떻게 생각하는지와 같은 중요한 질문에는 훨씬 관심을 적게 두곤 한다. 결핵균과 비슷한 세균에 의해 발생하며 신체 변형을 일으키는 질병인 한센병은 기독교 유럽에서 오랫동안 극심한 낙인의 대상이 되어 왔다. 한센병 환자들은 사회에서 추방되기 일쑤였지만, 한편으로는 그리스도가 한센병 환자들을 고치셨다는 이유로 천국에 이르는 운명을 타고난 존재로 여겨지기도 했다. 역사학자 메건 본Megan Vaughan은 저서 《그들의 병을 치료하며Curing Their Ills》에서 이렇게 전한다. "중세 초기 프랑스에서는 사제가 환자를 공동체에서 격리하는 의식을 집전했다. 사제는 한센병 환자를 무덤에 세워두고 그의 머리 위에 흙을 세 삽 던지며 '이 사람은 지상에서는 죽었다'라고 선포한 다음, '신 안에서 다시 태어날 것이다'라고 선언했다."

그러나 한센병을 이렇게 믿게 된 방식은 질병 자체에 내재하지 않았다. 실제로 한센병은 식민지화 이전 아프리카에서 특별히 두려움이나 낙인의 대상이 아니었고, 사회 질서에서 배제해야 할 이유로 삼지 않았다고 메건 본은 지적한다.

내가 1980년대 후반 처음 불안장애 진단을 받았을 때 SSRI(선택적 세로토닌 재흡수 억제제) 계열 약물은 막 등장하던 참이었다. 그 시절 병적 불안은 적어도 내 또래와 그들의 보호자들 사이에서는 생의학적 현상이라기보다 과도하게 발달한 성격 특성으로 여겨졌다. 또한 불안이 과학만큼이나 신앙으로도 치료될 수 있다고 믿었다(실제로 나 역시 불안할 때 종교와 의식을 통해 큰 위안을 얻곤 했다). 그러나 오늘날 내가 속한 사회에서 불안은 보건의료체계를 통해 치료해야 하는 질병으로 여겨지는 경우가 훨씬 많다. 내가 보기에 변화의 주요 원인은 보건의료체계가 불안을 더 잘 다루게 되었기 때문이다. 이는 약물치료 덕분만이 아니라(나를 포함해 많은 사람들에게 매우 효과적이었지만) 근거기반 심리치료법의 발전 덕분이기도 하다. 예를 들어 강박장애를 위한 노출 및 반응 예방 요법이나 범불안장애를 위한 인지행동치료가 그 대표적 예다.

따라서 우리는 반드시 기억해야만 한다. 질병은 단순한 생의학적 현상일 뿐 아니라 사회적으로 형성된 현상이기도 하다. 한센병이나 강박장애, 결핵에 대해 우리가 어떤 상을 그려내는가가 중요하다. 공식 보건의료체계가 어떤 질병을 효과적으로 치료하지 못하는 곳에서는 교회와 신앙 치유사처럼 더 신뢰받는 공간과 사람들이 의사와 병원보다 나은 선택지로 여겨지는 것도 자연스러운 일이다.

헨리는 호전되었지만 오래가지 않았다. 아이사투가 결국 아들을 다시 RIPE 약물 치료로 복귀시켰지만, 이번에는 약효가 덜한 듯 보였다. 한 번은 내게 이렇게 말했다. "그러다 페이버가 아팠어요. 사는 게 정말로 힘들어졌어요. 희망이 없었어요. 시장에서 일했지만 손에 쥐는 돈마다 병원비 때문에 눈 깜짝할 사이 빠져나갔지요."

페이버는 목에 멍울이 생겨 성대가 손상되었고, 목소리는 쉬어서 속삭이는 듯이 바뀌었다. 남편과 달리 아이사투는 보건의료체계를 신뢰하고 있었기에 딸을 병원으로 데려갔다. 병원에서는 페이버의 후두에서 종양을 절제해야 한다고 했다. 이 종양은 몸의 다른 부위로 전이되지 않는다는 의미에서 양성이었지만, 제거하지 않으면 기도가 막혀 생명을 위협할 수 있었다.

페이버의 수술비를 마련하기 위해 아이사투는 더 고군분투해야 했다. 그녀의 하루는 길었다. 게다가 온전히 자신을 위한 시간이란 곧 없었다. 자녀들을 등교시키고 나면 하루 종일 시장에서 물건을 팔았고, 집으로 돌아오면 병원비로 쓰고 남은 돈으로 아이들에게 줄 수 있는 건 무엇이든 챙겨 먹였다. 아이사투는 이렇게 회상했다. "애들이 집에 오면 가끔은 먹을 게 아무것도 없었어요. 우유에 설탕이랑 카레를 넣어줬어요. 쌀을 살 돈이 없어서 쌀은 못 넣었어요. 그냥 우유랑 향신료가 전부였죠. 음식이 더 많이 있으면 좋겠다고 기도했어요. 아이들이 얼마나 배고픈지 보였거든요."

헨리가 결핵으로 10년 가까이 천천히 쇠약해져 간 것과는 대조적으로 페이버의 병세는 빠르게 악화했다. 금세 페이버는 거의 먹지도 못하고 말하기도 힘들어했다. 그러나 수술비를 감당할 수 없었다. 아이사투는 모을 수 있는 돈이란 돈은 모두 저축했고, 친구와 가족에게도 도움을 청했다. 하지만 간신히 수술비에 가까운 금액이 모였을 때 페이버는 집에서 눈을 감았다. 겨우 일곱 살이었다.

당시 아홉 살이었던 헨리는 완전히 망연자실했다. 훗날 헨리는 이렇게 썼다. "페이버가 정말 보고 싶다. 우리는 집에서 늘 함께 장난을 치며 놀았다. 나는 병 때문에 빨리 먹거나 많이 먹지 못했는데, 페이버는 항상 나를 더 많이 먹이려고 했다. 엄마에게 날 일러바치기도 했지만 나는 결코 동생에게 화낼 수 없었다. 우리는 함께 공부했다. 페이버는 수학을 참 잘했다. 동생이 정말, 정말 보고 싶다."

페이버가 세상을 떠나고 몇 년 후, 그러니까 내전이 끝난 지 10여 년이 조금 지났을 무렵 시에라리온은 출혈열인 에볼라가 발생해 큰 타격을 입었다. 그렇지 않아도 취약하던 보건의료체계는 완전히 붕괴됐다. 왜냐하면 대부분의 진료소에는 깨끗한 물과 장갑, 마스크 같은 보호 장비가 없어 수많은 의료진이 에볼라에 감염됐기 때문이다. 최소 221명의 시에라리온 의료진이 2014년에서 2016년 사이에 에볼라로 목숨을 잃었는데, 이들 가운데에는 시에라리온의 아주 숙련된 의사와 간호사, 지역 보건 인력도 다수 포함돼 있었다.

파트너스 인 헬스의 공동 설립자인 오필리아 달Ophelia Dahl은 이 사태를 '급성-만성 복합 위기'라고 표현했다. 이는 만성적인 빈곤과 자원 분배의 실패가 에볼라 유행 같은 급성 위기를 증폭시킨다는 뜻이다. 에볼라는 부유국에서도 치료가 어려운 질병이기에 2014년 시에라리온에서는 사실상 치료가 불가능한 상황이었다고 해도 과언이 아니었다.•

이러한 에볼라 사태에 대응해 막대한 자금이 몰려들었다. 여러 비영리단체와 재난대응단체가 시에라리온을 비롯해 인접국인 라이베리아와 기니에 들어와 임시 에볼라 치료소를 세우고, 그곳을 운

• 에볼라는 종종 사형선고처럼 묘사되지만, 미국에서 치료받은 환자 중 75퍼센트 이상은 생존했다.

영할 숙련된 의료 인력을 지원했다. 2019년, 나는 시에라리온 동부의 한 치료소를 방문했다. 에볼라 생존자인 한 청년이 나를 안내하며 무너져 가는 벽과 시멘트 바닥만 남은 버려진 시설을 보여주었다. 청년의 말에 따르면 원래 한 비영리단체가 학교를 지으려고 했으나 자금이 바닥나 결국 완공하지 못한 건물로, 나중에는 임시 에볼라 치료소로 쓰였다고 했다. 청년은 그곳에서 좁은 간이침대를 아들과 나눠 쓰며 땀을 뻘뻘 흘렸고, 페디얼라이트Pedialyte(경구 수분 보충용액의 상품명)를 억지로 삼키며 버텼다고 했다. 그러나 그는 아내와 어머니를 포함해 주변의 모든 사람이 눈앞에서 세상을 떠나는 모습을 지켜봐야 했다.

그리고 2019년, 청년이 그곳을 보여주었을 때 모든 것은 도로 폐허가 되어 있었다. 시에라리온에서는 흔한 일이라고 그가 설명해 줬다. 다시 말해 어떤 단체는 1년이나 3년짜리 지원금을 들고 와서 이것저것 시작하지만, 지원 기간이 끝나면 미완성 상태로 두고 떠나버린다는 말이다. 오필리아 달은 에볼라 대응 사례를 두고 위기가 잦아들기 시작하면 글로벌 자금이 '쑥 하고 빠져나가는 소리'가 들릴 거라고 말했다. 많은 시에라리온인에게는 아무것도 나아진 것이 없었다. 그렇다. 분명 에볼라는 진정됐지만, 보건의료체계는 그 어느 때보다 취약해졌다. 진료소들은 에볼라 사태 이전과 다름없이 열악한 자원 상황에 놓여 있었고, 새로운 보건 인력은 거의 양성되지 않았으며, 에볼라로 꽤 많은 기존 의료진이 희생되었다.

2015년과 2016년, 에볼라 유행 속에서 헨리는 다시 심하게 앓기 시작했다. 밤마다 침대 시트를 흠뻑 적실 만큼 땀을 흘렸고 열이 자주 올랐으며, 구토와 함께 피를 토하기도 했다. 그 와중에도 헨리는 여전히 평범한 삶을 간절히 원했다. 그중에서도 가장 바란 건 중등학교 입학시험을 치르는 것이었다. 헨리는 교육이야말로 성공적인 삶으로 가는 열쇠임을 알고 있었다. 여행하고 일하며 본인이 표현한 대로 '사회 구성원'이 될 수 있는 삶 말이다. 그러나 결핵이 다시 발병해 맹렬히 번지면서 헨리는 그 모든 기회를 잃을 위기에 처했다.

이번에는 헨리와 어머니가 치료를 서두르지 않았다. 그 이유는 병이 재발했다는 사실을 받아들이는 것만으로도 헨리의 앞날에 치명적일 수 있다고 느꼈기 때문이다. 또한 에볼라 유행은 잦아들었지만, 여전히 병원에서 에볼라가 퍼질 수 있다는 인식이 남아있기도 했다. 병원이 폐쇄되거나 위험한 곳으로 여겨지면서 많은 결핵 환자들이 약을 제대로 복용하지 못했다. 바일러 배리 박사는 이렇게 말했다. "에볼라 때 약제내성 결핵이 폭발적으로 늘어나는 것을 저희는 똑똑히 봤어요. 사람들이 약을 받지 못하니 결핵이 내성을 키울 기회를 잡은 셈이죠."

프리타운에서 헨리는 매일 밤 건강을 되찾게 해달라고 기도했다. 세상을 떠나고 싶지 않았음은 물론이고, 무엇보다 어머니를 홀로 두고 갈 수 없었다.

2016년, 헨리는 이미 인생의 절반 이상을 활동성 결핵과 함께 살아가고 있었다. 그는 병을 앓다가 잠시 벗어나기를 반복했다. 어린 시절 내내 투병했던 그는 그렇게 달이 차고 기울듯 악화와 호전을 오갔다. 치료를 받은 직후나 면역력이 높아지고 영양 상태가 나아졌을 때는 잠시 병세가 잠잠해지기도 했다. 하지만 중등학교 입학을 준비하던 즈음 결핵은 거부할 수 없을 만큼 거세게 덮쳤다. 상황은 더 나빠져 시험공부를 하다가도 쉽게 지쳤고, 밤새 기침하며 피를 토했다. 그리고 식욕이 사라지고 몸무게도 줄어들었다. 가족들의 우려에도 불구하고 아이사투는 결국 아들을 시에라리온에서 손꼽히는 병원 중 하나인 프리타운의 코노트 병원으로 데려갔다. 그곳에서 헨리는 다시 결핵 진단을 받았다.

그 무렵 부유국에서는 이미 정확한 신속 분자진단검사가 보급되어 있었다. 헨리가 객담 검체를 제출했다면 불과 두세 시간 만에 결핵 여부는 물론, 자신이 앓는 결핵이 1차 치료제 RIPE 약물 중 두 가지에, 2차 치료제 중 한 가지에 내성이 있다는 사실과 18개월이면 완치 가능한 적절하고 널리 쓰이는 치료제를 바로 쓸 수 있다는 사실도 알게 되었을 것이다. 다만 이런 분자진단검사가 몇 년 전부터 존재했음에도 가격이 비싸서 헨리 같은 환자 대부분에게는 닿을 수 없었다. 대신 헨리는 X선 촬영으로 진단을 받았는데, 결핵이 많이 진행됐다는 사실만 알 수 있었을 뿐 앓고 있는 결핵이 1차 치료제에 내성이 있는지는 알지 못했다.

그리하여 헨리는 다시 코노트 병원에서 결핵용 표준 RIPE 약물 칵테일 요법(여러 약을 함께 써서 내성 발생을 막는 요법)을 시작했고, 하루에 10~20알의 약을 먹어야 했다. 헨리는 매일 성실히 병원에 가서 약을 먹었다. 처음에는 호전되는 듯했지만 그 약으로는 결핵을 완전히 없앨 수 없었다. 결국 병세가 더욱 깊어진 헨리는 코노트 병원에 약을 받으러 다니는 외래 환자에서 입원 환자가 되었다. 당시 느꼈던 두려움을 그는 이렇게 기록했다. "외로움과 절망이 긴 그림자를 드리우며 내 정신의 뿌리까지 시험했다." 병실을 같이 쓰던 환자가 결핵으로 세상을 떠나자 헨리 자신도 점점 더 나빠지고 있다는 걸 느꼈다. 목과 빗장뼈 위로 부풀어 오른 무언가가 잡히기 시작했다. 결핵이 림프계로 번졌다는 신호였다. 시간이 지나자 부종은 점점 커져 연주창連珠瘡으로 악화했고, 피부를 뚫고 터져 불에 덴 듯한 고통을 주며 상처를 남겼다.

코노트 병원에서 치료를 받는 2년간 헨리는 객담에서 결핵균을 배양해 다양한 항생제를 시험하는 지난하고 수고로운 과정을 거쳤다. 마침내 의사들은 헨리가 다제내성 결핵multidrug-resistant tuberculosis, MDR-TB(또는 다약제내성 결핵)에 걸렸음을 확인했다. 의사들은 헨리에게 즉시 라카 공공병원으로 옮겨야 한다고 말했다. 시에라리온에서 다제내성 결핵을 치료할 수 있는 유일한 곳이었기 때문이다. 헨리는 완전히 새로운 약물 요법을 시작해야 했는데, 그 요법에는 독성이 강한 주사 항생제도 포함되어 있었다. 코노트 병원에서의 마지막 밤, 아이사투는 아들과 한 침대에 누워 밤새 함께 울었다. 한 결핵 환자가 말해주었다. "라카가 어떤 의미인지 누가 모를까요. 라카는 죽으러 가는 곳입니다. 들어가면 다시는 못 나와요."

6장

호랑이는 사냥해야 하고

 인간의 대다수, 그러니까 대략 90퍼센트는 병들어 죽는다. 그만큼 질병은 인간 삶 속에 깊이 뿌리내려 있어 우리는 대부분의 죽음을 '자연사'라고 부른다. 누군가가 '자연스럽게' 죽었다는 이야기를 들으면, 특히 그 죽음이 때가 되었다고 여겨지는 시기에 찾아왔다면 우리는 어쩐지 안도감을 느낀다.

 나는 스물한 살 때 몇 달 동안 어린이 병원에서 사목 실습을 한 적이 있다. 내 지도 목사님은 장로교 목사님으로, 직분에 걸맞은 깊은 눈빛과 고요한 목소리를 지니셨다. 교육 첫날에 목사님은 내게 이렇게 말씀하셨다. "죽음은 자연스러운 일입니다. 아이들이 죽는 것도 마찬가지예요. 하지만 우리 누구도 정말로 자연스러운 세상에서 살고 싶어하진 않지요."

 약초로든, 마법으로든, 약물로든 질병을 치료한다는 건 본래 자연스러운 일이 아니다. 다른 동물들은 그렇게 하지 않는다. 적어도 우리의 정교함에 비할 만한 수준으로는 말이다. 병원은 자연스럽지 않다. 소설, 색소폰도 마찬가지다. 사실 우리 누구도 정말로 자연스러운 세계에서 살고 싶어하진 않는다. 그런데도 우리는 오직 일부의 삶만이 자연스럽게 끝난다고 말한다. 이때의 '자연스럽게'라는 말은 사실상 '받아들일 만하게' 혹은 '괜찮게'라는 뜻에 가깝다. 우리는 스스로 적절한 죽음의 시기와 좋은 방식이 무엇인지에 관한 관념을 만들어낸다. 얼마 전, 열 살짜리 딸에게 자연스럽게 죽는다는 건 어떤 의미 같은지 물어봤다. "음, 일단 나이가 많아야 해요." 딸이 대답했다. "최소한 일흔다섯 살은 돼야 하고요. 그리고 아마 잠들어 있어야 할 거예요."

하지만 좋은 죽음good death, 자연스러운 죽음에 대한 정의는 시대와 맥락에 따라 달랐다. 영국의 엘리자베스 시대에는 고해성사를 마친 직후 죽는 것이 좋은 죽음으로 여겨졌다. 그렇게 죽으면 천국에 더 빨리 이를 수 있다고 믿었기 때문이다. 이를테면《햄릿》에서 햄릿이 기도 중인 숙부 클로디어스를 죽이지 않고 주저하는 장면을 떠올려보자. 햄릿은 클로디어스가 영원한 영광으로 가는 천국행 공짜표를 얻을까 두려워하며 망설인다. 한편, 로마인들에게 전장에서의 죽음은 적어도 남자들에겐 좋은 죽음이었다. 호라티우스는 이렇게 말했다. "조국에 목숨을 바치는 것은 달콤하고 명예로운 일이다." 그러나 1차 세계대전이 벌어지자 영국의 시인 윌프리드 오언Wilfred Owen은 이 생각을 정면으로 반박했다. 그는 전쟁터에서의 죽음을 '암처럼 추악한 죽음'이라고 부르며 호라티우스의 문장을 '오래된 거짓말'이라 일갈했다.

암이 혐오스럽다는 오언의 생각이나, 진정 좋은 삶이란 노년에 이르러 잠들듯 생을 마감하는 것이라는 우리의 통념도 결국은 인간이 만들어낸 하나의 서사에 불과하다. 좋은 병과 좋은 죽음에 대한 우리의 관념은 끊임없이 변해왔고 앞으로도 변할 것이다.

백신과 제왕절개, 감염 관리나 항생제가 없던 시절, 아이들의 죽음은 일상이었다. 지금까지 태어난 인류 전체를 놓고 보면 절반가량은 다섯 살이 되기 전에 죽었다. 아이의 죽음은 너무도 흔했기에 자연스러운 일로 받아들여질 수밖에 없었다. 그래서 전근대 사회에서 받아들일 만한 죽음의 시기란 보통 다음 두 시기 중 하나였다. 첫째, 아주 이른 유아기와 둘째, 성인기를 훌쩍 지난 노년기가 그것이다.

하지만 결핵은 오래전부터 20세에서 45세 사이, 그러니까 일반적으로는 질병이나 죽음으로부터 비교적 안전하다고 여겨지는 시기의 사람들을 아프게 하고 죽이는 병으로 알려져 있었다. 물론 결핵은 아동이나 노년층에게도 흔했지만 18세기와 19세기에는 젊은 성인 사이에 특히 만연했던 탓에 '젊음을 훔치는 도둑'이라 불리기도 했다. 도무지 있어서는 안 될 병인데 어디에나 퍼져 있고 무섭도록 부자연스러운 이 결핵이라는 병을 어떻게 설명할 수 있을까?

여기서 잠시 멈춰 인간의 본성 중 하나를 짚고 넘어가려 한다. 인간은 어떤 일이 일어났을 때 왜 그 일이 일어났는지를 알고 싶어 한다. 특히 정말 끔찍한 일이 일어났을 때는 더더욱 그렇다. 그런데 이유가 바로 보이지 않으면 어떻게든 이유를 만들어낸다. 이 대목에서 나는 커트 보니것Kurt Vonnegut의 소설 《고양이 요람》 속 시 한 편을 떠올렸다.

호랑이는 사냥해야 하고
새는 날아야 한다.
인간은 앉아서 거듭 묻는다. "왜, 왜, 왜지?"
호랑이는 자야 하고
새는 착지해야 한다.
인간은 이해했다고 자기 자신을 납득시켜야 한다.

커트 보니것은 우리 인간이 끊임없이 이유를 알고 싶어하는 존재인 동시에 그 이유가 자신이 납득 가능한 결론이기를 바라는 존재임을 상기시킨다. 수전 손택Susan Sontag은 "질병에 의미 부여보다 더 가혹한 것은 없다"라고 썼지만, 우리는 여전히 질병에 의미를 부여한다. 이렇게 질병에 서사를 부여하는 것은 단지 타인의 고통을 이해하려는 전략일 뿐 아니라 '우리는 그 고통을 겪지 않을 것'이라는 믿음을 공고히 하는 안심 장치이기도 하다.
우리가 질병을 어떤 방식으로 상징화하느냐에 따라 그 질병을 경험하고 대응하는 방식이 달라진다. 지금껏 보아왔듯 시대와 지역에 따라 결핵은 살아 있는 시체의 병으로, 때로는 악령에 들린 자의 병으로 여겨졌다. 어떤 경우에는 술주정뱅이의 병이나 성적 문란이나 불결함에서 비롯된 병으로 낙인찍히기도 했다. 18세기의 한 결핵 환자 루크스Rookes는 주치의의 기록에 따르면 '여섯 가지 부자연스러운 행위'를 한 탓에 사망했다. 그 여섯 가지는 과식, 음주, 변비, 지나친 운동, 늦게까지 깨어 있기, 마음의 동요였다.

그러나 결핵을 폭식이나 운동 습관 탓이라는 낙인으로 단순히 가볍게 넘길 수는 없었다. 결핵은 변비에 시달리는 술주정뱅이만의 병이 아니었다. 도덕적 결함의 결과라고 보기에는 너무나 흔한 병이었다. 무엇보다 가난하고 소외된 사람들뿐 아니라 부유하고 권력 있는 사람들도 결핵을 피해 갈 수 없었다.

18세기 후반에 접어들면서 유럽, 특히 영국에서는 결핵 환자 수가 전례 없이 급증했다. 의사 모리스 피시버그Maurice Fishberg는 이 현상을 '인류의 무시무시한 결핵화tuberculization'라고 일컬었다. 결핵은 단순히 인간의 주요 사망 원인을 넘어 압도적인 사망 원인이 되었다. 비디야 크리슈난Vidya Krishnan의 《유령의 역병: 결핵은 어떻게 역사를 형성했는가Phantom Plague: How Tuberculosis Shaped History》에 인용된 한 분석에서는 "1730년 이전 런던에서 발생한 전체 사망자의 약 15퍼센트가 결핵으로 사망했다. 이 수치는 1800년대 초반이 되자 거의 두 배에 달했다"라고 했다. 전체 인구의 거의 3분의 1이 같은 병으로 목숨을 잃게 되자 결핵을 단순히 주정뱅이나 악령 들린 자의 병으로 보는 서사는 더이상 유지될 수 없었다. 또 환자가 너무 많았기에 도덕적 타락이나 인간적 약점 탓으로 돌리기엔 역부족이었다. 무언가 조처가 필요한 시점이었다. 다시 말해 비록 병 자체에 대해서는 어쩔 수 없었을지라도 최소한 그 병을 받아들이는 방식만큼은 바꿔야 했다.

이윽고 18세기와 19세기에 이르자 유럽인들은 결핵을 낭만화하기 시작했다. 이 병을 아름답고 고귀하게 보게 된 것이다. 결핵의 낙인찍기와 낭만화하기는 얼핏 정반대의 태도로 보인다. 낙인찍기는 사람을 깎아내리지만 낭만화하기는 대상을 지성이나 미덕의 상징으로 끌어올리는 듯하기 때문이다. 그러나 이 둘은 반대 개념이 아니라 오히려 환자를 사회의 '타자他者'로 만드는 데 동원하는 보완적인 전략이라는 생각이 든다. 즉 환자를 사회의 다른 구성원들과는 본질적으로 다른, 멀리 떨어진 존재로 구획하는 방식인 것이다.

정신질환도 종종 낭만화되곤 한다. 마치 창조적 천재성이나 특별한 능력을 불러일으키는 병인 양 말이다. 셜록 홈스나 에이드리언 몽크(드라마 〈명탐정 몽크〉의 주인공) 같은 천재 탐정 캐릭터들은 집요한 사고의 소용돌이 덕분에 탁월한 추리력을 지닌 인물로 그려진다. 동시에 기이하고 불쾌한 행동을 하는 사람이라는 낙인도 함께 짊어진다. 하지만 강박장애를 앓는 사람으로서 말하자면 낙인이든 낭만화든 둘 다 옳지 않다. 강박장애를 앓는 사람들이 실제로 명탐정인 경우는 드물다. 적어도 나의 강박은 집착적 공포를 끌어올릴지언정 다른 사람 눈에는 거의 띄지 않는다. 강박 행동을 혐오스럽거나 이상하다고 낙인찍는 행위 역시 낭만화만큼이나 문제가 있다고 생각한다.

누군가를 인간 이상의 존재로 상상하는 것은 인간 이하의 존재로 상상하는 것과 본질적으로 비슷한 기능을 한다. 어느 쪽이든 병든 자들은 결국 사회 질서 바깥의 타자로 취급된다. 그들의 취약성은 사회 전체가 공유하고 있는 불안한 진실을 들추어내기 때문이다.

이토록 초현실적인 결핵의 낭만화 현상을 제대로 이해하려면, 당시 사람들의 인식 전환을 살펴보아야 한다. 도시를 중심으로 결핵이 폭발적으로 퍼지면서 '왜 하필 결핵인가'라는 질문에 대해 낙인만으로는 더이상 답하기 어려워졌다. 그 대신 사람들은 결핵이란 병이 특정한 성격, 특히 삶의 덧없고 연약한 아름다움에 유난히 민감한 기질에서 비롯된다고 믿기 시작했다. 북유럽에서는 결핵이 유전병으로 널리 인식되며 마치 성격처럼 부모에게서 자식에게 전해진다고 믿었다. 그러므로 감수성, 아름다움, 천재성 같은 기질이 결핵과 함께 따라온다는 믿음도 당시로서는 나름대로 합리적인 추론이었다.

이러한 낭만화는 아주 오랫동안 지속되었다. 1909년에 출간된 《결핵과 창조적 정신Tuberculosis and the Creative Mind》에서 아서 제이콥슨Arthur Jacobson 박사는 결핵이 병의 대가로 '신성한 보상'을 제공한다고 주장했다. 제이콥슨 박사는 결핵 환자들의 삶이 "육체적으로 단축되는 반면, 정신적으로는 그에 반비례하여 깊어진다"라고 썼다. 19세기 낭만주의자들이 일찍 세상을 떠났으나, 그들이 남긴 시는 얼마나 뜨겁고 찬란했던가.

고전적인 저작 《감염병과 사회: 페스트에서 코로나19까지》에서 프랭크 M. 스노든Frank M. Snowden은 이렇게 썼다. "폐는 장보다 더 천상적이다." 결핵은 말기에 설사와 구토를 동반하지만, 일반적으로 공기의 병으로 인식되었다. 호흡의 병, 곧 몸이 대기와 맞닿는 접점에서 비롯된 병이었다. 이 접점은 너무나 신성했다. 히브리어 '루아흐ruach', 중국어 '치氣', 영어 '스피릿spirit', 이누이트어 '실라sila' 같은 단어들은 모두 숨이나 호흡을 뜻하는 어원에서 비롯되었다. 숨은 곧 생명이며, 호흡은 우리가 아직 살아 있음을 보여주는 가장 명확하고도 부정할 수 없는 신호다. '영감을 주다, 생기를 불어넣다'라는 뜻의 '인스파이어inspire'는 숨을 들이마신다는 뜻이고, '죽다, 만료되다'라는 뜻의 '익스파이어expire'는 숨을 내쉰다는 뜻이다.

그러니 이 호흡의 병을 '스피릿', '치', '실라', '루아흐'의 병, 곧 영혼의 병이라고 자연스레 믿게 되었다. 결핵은 종종 창조적 능력을 새로운 차원으로 이끄는 병으로 받아들여졌고, 육체가 점점 소멸해갈수록 정신에 더욱 깊이 접속하게 된다고 예술가들은 믿었다.

결핵이 창조성을 북돋운다는 주장을 뒷받침하기 위해 학자들은 미국의 소설가 스티븐 크레인Stephen Crane에서 쇼팽에 이르기까지 수많은 인물이 결핵으로 사망했다는 사실을 인용하곤 했다. 하지만 당시 전체 인구의 4분의 1 이상이 결핵으로 죽고 있었다는 점은 거의 주목하지 않았다. 이런 세상에서 많은 예술가와 작가가 결핵으로 사망한 건 사실 놀랍지도 않은데 말이다. 1825년, 런던의 한 잡지는 이렇게 썼다. "천재에게는 종종 급격한 쇠약과 요절이 뒤따른다는 사실은 놀라운 일이다." 또다른 잡지는 결핵과 작가들을 더욱 분명하게 연결하며 다음과 같은 글을 실었다. "작가들의 변덕스러움, 까다로움, 성마름, 인간 혐오, 음침한 열정 등은 모두 그들의 체질적 특성과 몸의 상태에서 비롯된다. 쉽게 말해 작가의 정신적 기이함은 신체 건강의 이상에서 기인한다." 내가 '낭만화는 병든 이를 다정하거나 너그럽게 대하는 방식이 아니다'라고 말할 때는 바로 이런 경우를 두고 하는 말이다. 나 역시 작가로서 내 변덕스러움, 까다로움, 성마름, 인간 혐오, 음침한 열정 따위가 단지 내 몸 어딘가의 고장 때문이라는 주장에는 솔직히 기분이 상한다. 그러면서도 19세기 잡지가 내 성격을 이토록 정확히 짚어냈다는 사실에는 감탄하지 않을 수 없다.

결핵이 유전된다는 믿음에는 다른 특성들 또한 함께 유전된다는 의미도 있었다. 이른바 '결핵성 개성tuberculous personality'이라 불리는 이 성향은 세상을 향한 멜랑콜리한 시선과 삶의 아름다움과 덧없음을 깊이 이해하는 감수성을 동반했다. 여성 예술가들도 결핵이 천재성을 북돋운다는 분석의 예로 종종 언급됐다. 브론테 세 자매도 결국 모두 결핵으로 사망했고, 영국의 시인 엘리자베스 배럿 브라우닝Elizabeth Barrett Browning 역시 그랬을 가능성이 높기 때문이다. 하지만 대부분의 관심은 남성 예술가들에게 집중되었고, 결핵이 어떻게 그들의 재능을 증폭시켰는가가 주요 관심사였다. 프랑스의 소설가 빅토르 위고의 친구들은 농담 삼아 이렇게 말하곤 했다. "위고가 결핵에 걸렸더라면 진정 위대한 소설가가 될 수 있었을 텐데…." 영국의 시인 바이런 경은 이렇게 썼다. "이왕이면 결핵으로 죽을 수 있다면 좋겠어. 그러면 여자들이 이렇게 말할 테니까. '저 가련한 바이런 좀 봐. 죽어가면서도 어쩜 그렇게 매혹적인지!'"

결핵과 창조적 천재성 사이의 연관성은 18세기와 19세기 유럽과 미국에서 거의 절대적인 진리처럼 받아들여졌다.* 19세기 말 미국 내 결핵 발생률이 감소하자 일부 의사들은 이 추세가 미국 문학의 질에 악영향을 미칠지 모른다고 우려했다. 실제로 한 의사는 이렇게 썼다. "건강이라는 보상을 얻는 대신 우리는 어떤 문화적 환희를 잃게 될지도 모른다."

이런 믿음은 20세기까지도 지속되었다. 모리스 피시버그는 저서

• 뒤에서 살펴보겠지만, 결핵 환자의 낭만화는 서구에만 국한된 현상은 아니었다.

《폐결핵Pulmonary Tuberculosis》에서 이렇게 썼다. "젊은 결핵 환자들은 놀라운 창조적 지성을 드러낸다. 특히 예술적 기질을 지닌 이들에게서 그 특성이 두드러진다. 젊은 예술가들은 언제나 신경이 예민하다. 그런 상태가 육체적으로 해롭다는 사실에도 불구하고 작업을 멈추지 않으며, 오히려 최고의 작품을 빚어낸다." 이 개념은 '스페스 프티시카spes phthisica' 혹은 '결핵성 정신'으로 알려져 있다. 데이비드 모렌스David Morens 박사는 이를 "육체가 소모되어 갈수록 영혼의 열정적이고 창조적인 면이 황홀하게 피어난다고 널리 알려진 결핵 환자 특유의 상태"라고 정의하고 있다.

심지어 예술가들 자신도 '스페스 프티시카' 개념을 믿었다. 결핵에 걸린 미국의 시인 시드니 러니어Sidney Lanier는 아내에게 이렇게 편지를 썼다. "나는 곧 죽을 것 같고, 내 영혼이 소멸을 앞두고 백조의 노래(죽음을 앞둔 이가 마지막으로 남기는 가장 아름다운 작품)를 부르고 있는 듯하오. 하루 종일 내 혼은 섬세하고도 말로 다할 수 없는 깊은 공간 속을 천상의 선율 같은 바람에 이끌려 빠르게 가르며 나아갔소."

결핵을 낭만적으로 바라보는 시선은 소설에서도 쉽게 찾아볼 수 있다. 찰스 디킨스는 《니콜라스 니클비》에 이렇게 썼다. "마치 죽음을 위해 희생자를 미리 준비시키는 듯한 무시무시한 병이 있다. 그

병은 육체의 거칠고 무거운 외형을 서서히 정제해 나가는데 … 영혼과 육체의 싸움은 고요하고 장엄하게 점차 진행되고, 그 결과는 너무나 자명하다. 하루하루 티끌처럼 조금씩 인간의 육신은 마르고 시든다. 영혼은 그 짐이 가벼워질수록 한결 자유롭고 희망으로 충만해진다." 디킨스는 병의 이름을 직접 언급하지 않았다. 독자들도 굳이 물어 볼 필요가 없었다. 이처럼 육체의 거친 면이 정화되고 몸이 시드는 만큼 정신이 꽃을 피운다는 관념은 오늘날에도 여전히 메아리친다. 그 이유는 두 가지다. 여전히 병든 사람들은 신성하면서도 신에게 가까운 존재로 여겨지고, 작고 여린 육체를 가진 이들이 더욱 아름답고 가치 있는 존재로 취급되는 사회적 질서가 지속되고 있기 때문이다.

해리엇 비처 스토Harriet Beecher Stowe가 《톰 아저씨의 오두막》에서 결핵으로 죽어가는 한 여자아이를 어떤 투로 묘사했는지 살펴보자. "그 아이는 아무 고통도 느끼지 않았다. … 아이는 너무나 아름답고 사랑스럽고 믿음에 차 있고 행복했기에, 아이 주위에 감도는 순결과 평화로운 편안한 기운에 누구도 저항할 수 없었다. … 마치 가을날 밝고 온화한 숲속에서 느껴지는 마음의 고요함 같았다."

이 문장에서 사용된 형용사들을 보자. 사랑스러운, 믿음에 차 있는, 행복한, 편안한, 온화한. 이런 삶을 살고 이런 죽음을 맞기를 누가 원치 않겠는가? 얼마나 자연스럽고 아름다운가! 게다가 실제로 이 묘사엔 일리가 있는 것이 결핵은 일반적으로 몇 달 혹은 몇 년에 걸쳐 서서히 진행된다. 콜레라나 장티푸스처럼 삽시간에 도시를 덮치는 감염병과 달리, 결핵 환자들은 대개 (물론 항상 그런 것은 아니지만) 조용히 혹은 평온하게 죽어가는 듯 보인다. 그러나 대부분은 사회가 스스로 위로하기 위해 지어낸 이야기였다. 결핵이 앗아간 너무도 많은 생명 앞에서 사회는 이해가 가능한 서사를 만들어 그 상실을 감당하려 했다.

그럼에도 이 터무니없는 부조리함을 꿰뚫어 본 이들도 있었다. 예를 들어 프랑스의 소설가 알렉상드르 뒤마 피스Alexandre Dumas fils는 결핵의 낭만화를 풍자했다. 뒤마 피스는 1823년과 1824년을 이렇게 회고했다. "그 시절에는 폐병이 유행처럼 번졌다. 모두가, 특히 시인들이 결핵에 걸려 있었다. 감정이 격해진 뒤 피를 토하는 것이 멋으로 여겨졌고, 서른 살이 되기 전에 죽는 것이 품위 있다고 생각했다." 그러나 정작 작가 자신도 이 낭만적 관념에서 완전히 자유롭지는 않았다. 데이비드 반스David Barnes가 《사회적 질병의 탄생The Making of a Social Disease》에서 지적했듯, 알렉상드르 뒤마 피스의 소설 《동백꽃 여인》에서 여주인공은 결핵에 걸려 육체가 쇠약해질수록 오히려 여성적 아름다움이 더 도드라지는 것으로 묘사되어 있다.

결핵으로 숨진 19세기 인물 가운데 가장 잘 알려진 이는 아마 영국의 시인 존 키츠일 것이다. 키츠는 브론테 자매들처럼 결핵 가족력이 있었던 것으로 여겨졌다고 한다(실제로는 결핵에 걸린 형제를 돌보다가 감염되었을 듯하다).

의학도였던 키츠는 핏방울이 섞인 가래를 보고 그 의미를 알아차리고서 친구에게 이렇게 말했다. "동맥혈이야. 이 피는 내 사형집행 영장이라네. 난 죽고 말 거야." 키츠의 친구와 동료들은 그의 천재성을 키츠가 앓고 있던 병과 연관 지었다. 역시 결핵을 앓았던 영국의 시인 퍼시 셸리Percy Shelley는 키츠에게 이렇게 편지를 남겼다. "결핵은 너처럼 특별히 훌륭한 시인을 노리는 병이야."

키츠는 병세가 깊어짐에 따라 극심한 통증을 느끼며 몸에 산소가 제대로 공급되지 않는 고통을 이렇게 글로 남겼다. "우리는 이런 고통을 겪도록 빚어진 존재일 리 없다." 그는 죽음을 원하다가도 삶을 갈망했다. "죽음은 … 그나마 견딜만한 고통조차 완전히 없애버릴 테니까." 이 글을 쓸 당시 키츠는 스물네 살이었고, 숨지기까지 다섯 달이 채 남지 않은 때였다.

키츠의 친구이자 간병인이었던 조지프 세번Joseph Severn은 시인이 가끔 눈물을 흘리며 잠에서 깼다고 전했다. 아직 살아 있다는 사실 자체와 끔찍한 고통이 키츠를 절망에 몰아넣었던 것이다. 죽기 몇 달 전, 키츠는 가진 돈이 전혀 없었다. 그는 유언과도 같은 글을 남겼다. "내가 남길 재산이라고는 출간된 책과 미출간된 책, 그리고 언젠가 그 책들이 팔릴 거라는 희망이 전부"라고 쪽지에 적고, 맨 위에는 약강 오보격iambic pentameter(약세와 강세가 번갈아 다섯 번 반복되는 시의 기본 운율)으로 된 짧은 시구 한 줄을 써넣고 밑줄을 그었다. "책은 다들 나눠 가지도록."

키츠는 《나이팅게일에게 바치는 송가Ode to a Nightingale》에서 이렇게 썼다. "젊은이는 창백해지고 유령처럼 야위다 끝내 죽어간다." 이 시구는 예언처럼 들어맞았다. 키츠가 숨지고 며칠 뒤 진행한 부검에서 의사는 이렇게 적었다. "폐가 완전히 망가짐." 이것이 과거나 지금이나 결핵으로 인한 죽음의 실체다. 결핵에 걸린 이들은 폐에 고인 피와 고름에 질식하듯 죽어간다. 산소 부족으로 숨을 헐떡이며 필사적으로 숨을 쉬려 애쓰다 생을 마감한다. 어떤 의사 겸 인류학자는 전형적인 결핵 환자의 죽음을 이렇게 기록했다. "환자는 날카롭고 참을 수 없는 흉통에 휩싸인다. … 얼굴엔 극심한 고통이 서려 있고, 눈은 돌출되고 입술은 검푸르며, 이마에는 식은땀이 맺힌다."

물론 고통받는 젊은 예술가를 낭만화하는 전통은 결핵에만 국한되지 않는다. 나는 사람들이 빌리 홀리데이의 약물중독이나 빈센트 반 고흐의 정신질환에 관해 이야기하는 방식을 떠올린다. 너무 일찍 꺼져버린 촛불은 우리의 상상력을 자극한다. 어쩌면 그들이 세상에 남겼을지도 모를 책과 그림과 노래가 아쉬워서일 수도 있고, 혹은 그들이 이 세상을 살아내기엔 너무나 눈부시게 타오르던 존재였다고 느껴서일지도 모른다.

결핵은 젊음을 앗아가는 병으로 '젊음, 예술성, 건강'이라는 관계 속에서 특별한 위치를 차지했는데, 이는 유럽에만 해당하는 이야기는 아니었다. 인도의 시인 수칸타 바타차리아Sukanta Bhattacharya는 1947년 결핵으로 겨우 스무 살의 나이에 세상을 떠났다. 바타차리아는 1943년 인도 벵골 지역에서 약 3백만 명이 사망한 벵골 대기근의 참상을 뼈아프게 써 내려간 시인이다. 이 기근은 영국 식민 당국이 주도한 비극으로, 수백만 명의 목숨을 앗아갔다. 시인 역시 기근 탓에 영양실조로 병세가 악화되어 숨졌을 가능성이 크다. 잘 알려졌듯 영양실조는 잠복 결핵을 활성화하는 주요 요인이다. 바타차리아는 이렇게 썼다. "우리의 역사는 굶주린 배가 써 내려가리라." 인도의 한 신문은 바타차리아를 '벵골의 존 키츠'라 칭했는데, 실제로 키츠처럼 고통 속에서 나이를 초월한 통찰을 보여줬다고 평가받았다. 다만 바타차리아는 키츠와는 달리 거리낌 없는 정치적 시인이었다. 그가 생애 끝자락에 남긴 이 구절이 오래도록 기억에 남아있다. "당신들의 쾌락은 우리의 죽음을 뜻한다."

그러나 내가 결핵에 관해 읽은 어떤 글보다도 깊은 울림을 받은 것은 마사오카 시키의 작품이었다. 시키는 19세기 말에 하이쿠俳句〔일본의 전통 단시〕를 부흥시켰다고 평가받는 일본의 대표적 시인이다. 그는 척추결핵과 폐결핵을 동시에 앓으며 생의 마지막 5년을 병상에서 보내야 했다. 시키의 고통은 견디기 어려울뿐만 아니라 끊임없이 지속되는 것이었다(그가 사용한 필명 '시키子規'는 피를 토하며 울다 죽는다고 여겨진 일본 뻐꾸기에서 따온 것이다). 그는 유럽의 동시대 시인들과 달리 고통을 낭만화하지 않았다. 하지만 시드니 러니어처럼 죽기 직전까지도 창작의 충동을 놓지 않았다. 실제로 1902년에 숨을 거두기 몇 시간 전까지도 하이쿠를 남겼는데, 그중 한 편을 소개하겠다.

　수세미꽃 피네
　가래 찬 부처님이
　여기 누웠네!

이 '가래 찬 부처님'은 병상에서 익사하듯 살아가는 고통을 끈질기게 시로 옮겨냈다.

　기침의 고통
　밤새 켜진 등불이
　콩알만 하네

시키는 1만 8천여 편의 시 속에서 병이 주는 고통과 고립을 은유적이면서도 탁월하게 포착해 냈다. 어떤 하이쿠 연작은 이렇게 시작된다.

　눈이 내린다!
　장지문 구멍 너머
　가만히 본다

시인은 문에 난 작은 구멍을 통해서 세상을 보았지만, 그럼에도 눈을 찬미할 수 있었다. 하지만 자신을 세상의 참여자가 아닌 관찰자로 느꼈다.

생각만 할 뿐
눈 내리는 집 안에
누워 있다고

결핵을 앓는 시인은 눈을 맞을 수 없으며 그저 눈 내리는 집 안에 누워 있다고 생각할 수밖에 없다. 난 만성질환을 이런 식으로 바라본다. 세상의 일부이면서도 주어진 상황이나 사회 질서 탓에 그 세계에 온전히 속하지 못하는 존재로 살아가는 것. 이는 외부에서 바라보는 시선이 아니라 내부에서 비롯된 감각이다. 타자화하거나 낭만화하지 않으면서 차이와 상실을 인정하는 사유 방식이다. 신뢰도, 애정도, 위로도, 온화함도 아니다. 현실이다.

7장

아름다워 보이게 하는 병

사람은 태어날 때부터 '스페스 프티시카'를 타고났거나 그렇지 않거나 둘 중 하나로 여겨졌다. 결핵에 유전적 요인이 있다는 믿음은 곧 결핵 환자들이 감수성과 예술적 천재성을 타고났다는 통념으로 이어졌다. 특히 여성은 병을 앓으면 한층 고양된 존재가 된다고 여겼다. 이는 예술적 재능으로 드러나기도 했지만, 무엇보다 외적인 아름다움에서 가장 두드러졌다.

결핵에 걸린 여성은 더 아름답고 영묘하며 신비로울 만큼 순수해진다고 믿었다. 샬럿 브론테는 결핵으로 죽어가던 여동생 곁을 지키며 이렇게 편지에 썼다. "결핵이 사람을 아름답게 하는 병이라는 건 저도 알고 있어요."

활동성 결핵 환자는 전형적으로 창백하고 마른 몸, 장밋빛 뺨과 움푹 들어간 크고 또렷한 눈을 가지게 된다. 혈중 산소 농도가 낮고 열이 자주 동반되기 때문이다. 이런 외양은 19세기 유럽과 미국에서 아름다움과 고귀함의 상징으로 여겨졌다. 미국의 사상가이자 수필가인 헨리 데이비드 소로Henry David Thoreau는 일기에 이렇게 썼다. "조개가 흘리는 진주빛 눈물이나 결핵 때문에 오른 홍조와 같이 병과 부패는 가끔 아름답다."

유럽 북부에서는 결핵이 여성적 아름다움과 깊이 연결되어 있었다. 여리고 깡마른 몸은 오늘날에도 여전히 아름다움(심지어 건강함과도)과 밀접하게 연관되어 있고, 비교적 큰 체형보다 아담한 체형이 더 매력적으로 여겨지곤 한다. 그 감각은 마치 선천적이거나 본능적인 것처럼 느껴진다. 하지만 이는 인간에게 내재한 본성이 아니다. 이런 미적 편향은 비교적 최근에서야 등장했다. 그렇다고 해서 가녀린 몸의 이상화가 결핵 환자의 낙인을 사라지게 한 것은 분명 아니었다. 다시 말하자면 여성의 몸을 그리는 상 속에 여전히 낭만화와 낙인이, 가끔은 한 문장 안에서도 교차하고 얽혀있음을 볼 수 있다. 이를테면 18세기의 한 잡지는 결핵 환자 체형의 미덕을 다음과 같이 극찬했다. "여성의 아름다움은 대개 섬세함 또는 병약함 덕분이다." 아름다움의 기준을 표현하는 문장에서 '섬세함'이라는 낭만적인 표현에 이어 곧바로 '병약함'이라는 낙인의 단어가 이어진다.

영국 배우 일라이저 포Eliza Poe는 전형적인 결핵 환자 같은 외모를 지녀 아름답다는 찬사를 받았다. 장밋빛 뺨, 우윳빛 피부, 커다란 눈, 왜소한 체구. 이 모든 것은 결핵에 걸린 결과였다. 1811년, 일라이저가 20대 초반의 나이에 결핵으로 세상을 떠났을 때 아들 에드거 앨런 포는 겨우 두 살이었다. 훗날 에드거는 자신의 소설과 시에 등장하는 많은 여성 인물을 어머니처럼 마르고 창백하며 큰 눈을 가진 외모로 묘사하곤 했다. 에드거 본인 역시도 결핵성 수막염으로 사망했을 가능성이 있다.

일라이저가 세상을 떠났을 즈음 역사학자 캐럴린 데이Carolyn Day가 이른바 '결핵 병약미consumptive chic'라 명명한 미적 기준이 이미 유럽 전역을 지배하고 있었다. 여성들은 격한 신체 활동을 삼가고 햇볕을 너무 오래 쬐지 않아야 했다. 데이는 "창백한 안색에 나른하고 무기력한 여성들이 유행의 중심"이었다고 적었다. 프랑스 소설가 앙리 뮈르제Henri Murger는 어느 젊은 여성 결핵 환자의 시신을 두고 얼굴에서 뿜어져 나오는 빛 때문에 '마치 너무 아름다워서 숨진 듯 보였다'라고 묘사했다. 심지어 헨리 길버트Henry Gilbert가 1842년에 발표한 의학 논문집 《폐결핵Pulmonary Consumption》에는 내가 비유로 드는 것이 아니라 실제로 이런 시가 실려 있다.

여름 공기처럼 조용히 다가오는 발걸음
누구인가? 아름답게 스러지는 이는
여인의 두 눈은 열기로 빛나며 녹아내리네.

게다가 또

두 뺨 위의 장밋빛 홍조는

마치 아름다움의 손끝이 살며시 찍어놓은 듯하네.

아아! 결핵, 바로 그 여인의 이름이라네.

이와 같은 미의 기준 변화는 당시 유럽 미술에서도 선명하게 드러난다. 이를 잘 보여주는 사례가 헨리 피치 로빈슨Henry Peach Robinson의 1858년 사진 작품 〈스러져 가는Fading Away〉(〈임종〉으로도 알려져 있다)이다. 이 작품에서 로빈슨은 서로 다른 사진 다섯 장을 조합해 하나의 합성사진을 만들어냈다. 〈스러져 가는〉의 초기 습작에서는 식료품상의 젊은 딸인 세라 컨덜Sarah Cundall이 결핵이 걸려 창백하고 여리며 쇠약한 모습으로 등장한다. 동시에 컨덜은 분명히 아름답게 연출되어 있으며, 하체를 덮은 천의 주름은 르네상스 조각상의 드레스 주름을 연상케 한다.

완성된 〈스러져 가는〉에서는 컨덜의 이미지가 다른 사진들과 합쳐져 이른바 '좋은 죽음'을 구현한 하나의 장면으로 구성되었다. 영국 빅토리아 시대의 관람객들은 로빈슨의 사진에 큰 충격을 받았다. 한 인간의 사적인 마지막 순간을 너무도 사실적으로 담아냈기 때문에 많은 이들이 어린 소녀가 실제로 죽어가는 장면을 담았다고 믿었다. 한편, 이 작품에 매료된 사람들도 있었다. 앨버트 공은

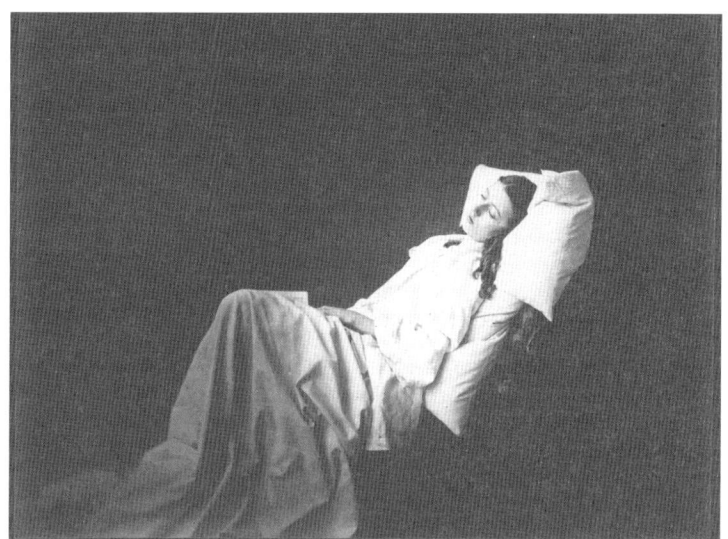

〈스러져 가는〉의 초기 습작. 헨리 피치 로빈슨, 〈그 여자는 사랑을 말한 적 없었네〉, 네거티브 유리 건판으로 제작된 알부민 은염 사진, 1857.

헨리 피치 로빈슨, 〈스러져 가는〉, 합성사진, 1858.

직접 사진 인화본을 구매하기도 했다. 이 사진 속에서 우리는 매혹적으로 창백한 젊은 여성의 철저히 낭만화된 이미지를 마주하게 된다. 폭력을 당하거나 외형이 훼손되어 죽어가는 것이 아니라 결핵으로 평화롭게, 그리고 수동적으로 서서히 스러져가는 모습이다.

이 사진이 발표된 즈음 일부 여성들은 결핵 환자의 눈매를 흉내 내기 위해 미량의 독성이 있는 벨라도나belladonna*를 눈꺼풀에 발라 동공을 확장하기도 했다. 여러 잡지에서는 결핵 열로 얼굴에 떠오르는 홍조를 재현하려고 입술과 뺨에 붉은 색조를 바르는 방법도 소개했다. 굳이 또다른 예를 덧붙이지 않아도 이런 미의 기준은 오늘날에도 여전히 세계 곳곳에서 여성적 아름다움의 이상을 규정하고 있음을 알 수 있다.

결핵이 낭만적으로 인식되던 시기에 그 영향은 남성과 여성 모두의 패션에 반영되었다. 그러나 둘 사이의 관계는 단순하지 않아서 이 상관관계를 곧 인과관계라고 혼동해서는 안 된다. 코르셋을 예로 들자면 여성의 호흡과 신체 활동을 제한할 정도로 조여서 결핵의 경험을 흉내 내기 위해 고안됐다는 주장이 종종 제기되었다. 하지만 최근 역사가들은 대부분의 코르셋은 사실 그다지 제한적이지 않았고, 이런 연결 고리는 과장된 면이 크다고 한다. 당시 의사를 비롯해 남성들은 코르셋이 혈류를 막아 피를 폐에 고이게 하여 결핵을 유발하는 사악한 존재라고 주장하기도 했다. 또한 허리를 조

---

* 안과 진료에서 동공을 확장하기 위한 약제로 오랫동안 사용됐다.

이는 남성복을 포함한 다른 옷차림 역시 결핵을 부추긴다고 생각했다. 어떤 기사에서는 얇은 구두를 신는 것이 '잦은 기침과 홍조를 유발하는 것과 다를 바 없다'라고 주장하기도 했다. 과거의 남성 역사학자들은 코르셋을 결핵과 연결 지었을지 몰라도, 내가 만난 현대 복식사 연구자들은 당시 여성복이 결핵 증상을 모방하거나 조장하기 위해 디자인되었다고 보지 않았다. 오히려 유행을 좇는 여성복이 유럽 사회에서 결핵의 위험 요인으로 지목된 것은 그러한 차림새가 가부장적 사회 질서에 어긋난다고 인식되었기 때문이라고 말한다.

얼마 전 결핵에 관한 유튜브 영상에 한 여성이 댓글을 남겼다. "전 뚱뚱한 편이라 예전엔 결핵처럼 몸이 말라가는 병에 걸리고 싶었어요. 참 어리석었죠." 그 아래에는 각자 경험을 나누는 수십 개의 대댓글이 달렸다. 생명을 위협하는 병에 걸렸는데 살이 빠져서 칭찬을 들었다거나, 날씬해지고 싶어서 몸에 기생충이 있었으면 하는 생각을 했다든지 하는 내용이었다. 아름다워 보이기 위해 병들기를 바라는 생각 자체가 결핵에 걸린 듯한 미적 이상이 여전히 우리가 사는 세계를 지배하고 있음을 말해준다.

그러나 이런 미적 기준이 아무리 널리 퍼져 있다고 해도 전 지구적으로 보편적이지는 않음을 기억해야 한다. 시에라리온에서는 헨리처럼 작고 마른 몸이 아름다움보다는 성장 부진이나 병약함을 연상시킨다.• 사실 헨리는 결핵 환자에게 투영된 이상적 아름다움, 커다란 눈과 도드라진 광대뼈, 예술적 기질까지 완벽히 갖추고 있었다. 헨리는 아름다운 시를 썼는데 투병 중에는 글쓰기의 열정이 더욱 깊어졌다. 놀라울 만큼 영리하고 섬세한 솜씨로 그는 간절함과 사랑이라는 감정을 회고록과 시에 깊이 담아냈다.

하지만 헨리는 19세기 사람이 아니었고, 물론 백인도 아니었다.

창백하고 마른 얼굴, 커다란 눈, 장밋빛 뺨이라는 미의 기준이 그렇게 오랫동안 유지되어 온 만큼 백색성whiteness과 결핵을 동일시하는 인식은 인류의 건강과 형평성에 훨씬 더 깊은 해악을 끼쳤다. 1807년에 발표된 〈피부의 아름다움에 대하여On the Beauty of Skin〉라는 글에는 이렇게 적혀 있다. "흰 피부, 그러니까 살짝 장밋빛이 감돌고 부드럽고 매끄러운 촉감을 지닌 흰 피부를 우리는 보통 고운 피부라 부른다." 열로 달아오른 뺨과 하얀 얼굴, 도드라진 둥근 눈, 이 모든 묘사는 사실상 결핵으로 인해 죽기 직전의 모습을 떠올리게 한다. 뺨이 붉은 것은 고열 때문이고, 피부가 창백한 것은 탈산

• 한 번은 시에라리온을 방문했을 때 5년 만에 예전 지인을 만났다. "이야, 살 많이 찌셨네요!" 지인이 날 보며 흐뭇하게 말했다. "살짝 찐 것 같기도 하네요." 나는 괜히 민망해하며 대답했다. "아뇨, 아니에요." 지인은 내 배를 툭툭 두드리며 말했다. "아주 많이 찌셨어요!"

소화deoxygenation 때문이며, 뺨과 눈이 도드라져 보이는 것은 한 결핵 생존자의 표현을 빌리자면 '몸이 해골이 되어 가는 중'이기 때문이다. 하지만 이런 세련된 아름다움의 묘사를 읽다 보면 머릿속에 남는 단어는 결국 '백색성'이다. 《숙녀의 화장대The Ladies' Toilette》에서는 이렇게 말한다. "피부가 아름답다는 말을 듣고 싶다면 백색성은 반드시 갖추어야 할 조건 중 하나다." 1837년에 출간된 책 《여성의 아름다움Female Beauty》은 더 노골적이다. "백색성은 피부의 가장 본질적인 조건이다."

당시 유럽과 미국에서 미녀로 추앙받던 여성들은 '앨러배스터alabaster[설화석고, 밝고 부드러운 빛을 띠는 백색 광물]'나 '대리석' 같은 피부, 혹은 '투명한' 피부로 묘사되곤 했다. 실제로 일라이저 포의 가장 유명한 초상화를 보면 결핵으로 창백해진 피부와 흰 드레스가 서로 어디서 끝나고 어디서 시작되는지 구분하기 어렵다.

프랭크 M. 스노든이 《감염병과 사회》에서 지적했듯 유럽과 미국의 백인 의사들은 18세기의 일부 관찰자들이 말한 것처럼 요컨대 결핵이 문명의 병이라는 관점에 동의했다. 시골 지역사회에서는 결핵이 상대적으로 덜 치명적이라는 사실이 널리 알려져 있었다. 한 어머니는 자신과 딸이 병에 걸린 뒤 이렇게 썼다. "나는 런던을 무척 사랑하지만, 얄궂게도 그곳에서는 살 수 없는 운명인 것 같다." 고도로 인종화된racialized 사회 질서 안에서 결핵을 '문명화된 병'으로 보는 사고방식은 곧 비문명인들은 이 병에 걸리지 않는다는 전제로 이어졌다. 이는 결핵의 인종적 편견을 더 강화하는 결과를 낳았다.

유럽과 미국 대부분의 백인 의사는 결핵이 감수성과 지성을 타고난 사람들에게 발병한다는 믿음 아래 오직 백인에게만 발병한다고 여겼다. 때때로 '백인의 역병'으로 불리기도 했다. 한 미국 의사는 이렇게까지 표현했다. "주인 인종의 병이지, 노예 인종의 병은 아니다."

스노든은 이렇게 썼다. "미국에서는 아프리카계 미국인이 앓는 병은 전혀 다른 병이라는 인식이 널리 퍼져 있었다. 그 병에 이름조차 붙이려 하지 않았던 당시의 태도는 인종적 위계질서와 유색인종의 의료 접근성 부족을 단적으로 보여준다." 이런 태도는 식민 제국 전역에 퍼져 있었다. 많은 유럽 식민주의자는 남아시아나 아프리카에는 결핵이 존재하지 않는다고 믿었다. 그럼에도 실제로 식민지 지역에서 진료하던 의사들은 이 믿음이 틀렸음을 알고 있었다. 1829년, 한 의사는 이렇게 썼다. "인도에서는 폐질환이 희귀하며 쉽게 치료된다는 건 잘못된 통념이다."

이 모든 사실은 결핵의 인식이 어떻게 사회적 권력에 의해 형성되는지 보여주는 또 하나의 사례다. 사회적 권력은 결핵이 어떻게 어디서 퍼지는지를 결정짓는 힘이기도 했다. 1829년, 당시 인도에서는 결핵을 '희귀하며, 쉽게 치료되는 병'으로 여겼지만 실제로는 둘 다 틀렸다. 식민지 인도 전역에 결핵으로 인한 광범위한 질병과 사망이 발생했으나, 식민 당국의 시야 밖에 놓여 거의 파악되거나 집계되지 않았다. 식민주의의 핵심 전제는 백인 우월주의였다. '스페스 프티시카' 또한 우월하고 문명화된 존재(라고 쓰고 백인들이라고 읽는다)에게만 나타나는 고귀한 특성으로 취급했다. 만약 결핵이 노예, 피식민자, 사회적 약자 사이에서도 흔한 병이라는 사실이 받아들여졌다면, 단지 질병의 기존 이해를 뒤흔드는 것을 넘어서 식민주의라는 프로젝트 자체의 정당성을 위협했을 것이다.

8장
막대 모양 세균

지금까지 살펴본 역사 개관은 19세기 내내 결핵을 유전 질환으로 여겼던 유럽 북부와 미국에 초점을 맞췄다. 그러나 유전 질환이라는 믿음이 전 세계 어디에서나 통용된 것은 아니었다. 예를 들어 중국에서는 결핵 발생률이 더 낮았던 것으로 보이며, 도교 도사들은 이미 12세기부터 결핵을 감염병이라 주장했다. 유럽 남부에서는 결핵이 희귀하긴 했어도 감염병으로 인식되고 있었다. 프랑스 소설가 조르주 상드George Sand는 결핵을 앓던 연인 프레데리크 쇼팽과 함께 스페인에서 머물 곳을 찾느라 애쓰며 친구에게 이렇게 썼다. "이곳에서는 결핵이 드문데다 감염병으로 여겨져." 물론 결핵이 스페인에서 희귀했던 이유는 결핵을 '감염병'으로 인식했기 때문이었다. "우린 발데모사(마요르카 섬 북서부의 마을)의 버려진 수도원에 거처를 마련했어." 상드는 이어서 이렇게 썼다. "하지만 결핵 환자를 위해 일하겠다는 하인은 구할 수 없었지. 그래서 지인들에게 도움을 청했어. 마차를 빌려 팔마〔마요르카 섬의 중심 도시이자 항구〕까지 가려고 했거든. 거기서 배를 타고 집으로 돌아갈 생각이었어. 하지만 그 부탁조차 거절당했어. 다들 마차도 있고 재산도 넉넉한 사람들이었는데 말이야."

19세기 말경 결핵은 유럽 북부와 미국에서 줄어들기 시작했고, 결핵을 낭만화하던 경향도 함께 사라졌다. 결핵 감소의 한 이유는 부유층과 새로이 부상한 중산층의 생활수준이 높아지면서 결핵이 번성하기 쉬운 비좁은 공간에서 거주하거나 일할 가능성이 줄어들었기 때문이다. 프랑스계 미국인 생물학자 르네 뒤보스René Dubos와 그의 아내이자 생물학자 겸 환경운동가 진 뒤보스Jean Dubos는 이렇게 썼다. "점점 더 가난한 사람들만이 병에 걸리는 듯 보이자, 사람들은 나른하게 쓰러지는 젊은 여성과 그들의 낭만적인 연인에게서 시선을 거두기 시작했다. 그 대신 산업혁명이 낳은 우울한 빈민가에 사는 불쌍한 사람들에게로 시선을 돌렸다. '촉수 같은 도시' 속에서 수많은 남녀노소가 하나같이 창백한 얼굴로 추위와 굶주림에 시달리며 어둡고 붐비는 작업장에서 긴 시간 일했다. 그들은 연기와 석탄 가루를 들이마셨다. 그리고 그 속에서 결핵은 고통과 비참함을 키워가고 있었다. 낭만이라곤 없었다."

실제로 오늘날 우리는 18세기와 19세기에 있었던 결핵의 급증을 이렇게 이해하고 있다. 즉 문명화 여부나 흰 피부, 혹은 섬세한 성격 때문이 아니라 산업화로부터 비롯되었다는 점이다. 도시와 작업장의 증가로 시장과 공장, 거리에는 사람들이 빽빽이 모이게 되었고, 이내 결핵이 번성하기에 이상적인 환경을 만들어냈다. 산업혁명의 발상지가 영국이었듯 결핵 폭발의 발원지도 영국이었다. 20세기에는 인도와 나이지리아가 산업화하면서 유사한 발병이 나타났다. 탐사 저널리스트 비디야 크리슈난의 말처럼 '자본과 나란히 이동해 온 결핵의 여정'은 발병 사례마다 드러난다.

따라서 결핵은 문명의 질병이 아니라 산업화의 질병으로 인구가 밀집한 대도시에서, 꽉 들어찬 셋방과 공장에서, 기침으로 뱉어낸 비말이 탁한 공기 속에 오래 머무는 환경에서 창궐하는 질병임이 드러났다. 한 세기가 지나며 점점 더 많은 사람들이 결핵이 감염병일 수 있다는 주장을 점점 더 강력한 근거를 들며 펼치기 시작했다. 그러나 유전설을 주장하는 진영은 여전히 논쟁에서 큰 영향력을 유지하고 있었다. 1881년 한 주요 의학 교과서는 결핵의 원인을 "유전적 소인, 불리한 기후, 빛의 부족, 우울한 감정"이라고 적시했다.

그러나 바로 다음 해, 결핵의 원인으로 지목되던 이런 모든 요인은 반박에 부딪힌다. 결핵은 "집요하고 끈질긴 작은 생명체", 즉 결핵균의 전파로 발생한다는 사실이 명백해졌기 때문이다. 독일 의사 로베르트 코흐Robert Koch가 처음으로 규명한 이 발견은 의학적 차원은 물론 사회·심리적 차원까지 포함해 결핵을 이해하고 막아내기 위한 전략을 근본적으로 재편했다.

결핵균을 발견했다고 발표한 논문에서 코흐는 당시 이 병이 낭만화되고 있음을 의식한 듯하다. 그는 세계에서 가장 많은 목숨을 앗아가는 질병이 결코 가볍게 여길 문제가 아님을 역설하면서 다소 방어적인 태도로 주장했다. "만일 어떤 질병이 인류에게 갖는 중요성을 해당 질병으로 인한 사망자 수로 측정한다면 결핵은 페스트, 콜레라 등 가장 두려움의 대상이 되는 감염병들보다 훨씬 더 중요한 질병으로 취급되어야 한다."

역사는 흔히 일련의 사건들이 도미노가 차례로 쓰러지듯 전개되는 것으로 그려진다. 하지만 대부분의 인간 경험은 사건이 아니라 과정이다. 이혼은 하나의 사건일 수 있지만, 거의 예외 없이 오랜 과정의 결과다. 출산이나 전투, 감염도 그렇다고 할 수 있다. 마찬가지로 이분법적이라고 믿는 많은 것들이 실제로는 스펙트럼에 가깝다. 신경다양성neurodivergence(신경 발달의 차이를 병리화하지 않고 있는 그대로 존중하는 개념)에서 성적 지향에 이르기까지 그렇다. 또 개인의 업적으로 보이는 많은 것들이 사실은 폭넓은 협력의 산물이다. 우리는 위대한 개인 한 사람이 굵직한 사건들로 점철된 삶을 살다가 마침내 악인이나 영웅이 되는 서사를 좋아한다. 그러나 세상은 우리가 거기에 덧씌우는 이야기보다 본질적으로 훨씬 더 복잡하다. 경험의 실상은 그것을 묘사하는 데 사용하는 언어보다 언제나 더 다각화되어 있다. 로베르트 코흐를 논할 때도 이 점을 기억할 필요가 있다. 코흐는 중요한 발견을 이루어냈지만, 그 성과는 어디까지나 미생물과 관련된 수많은 통찰 가운데 하나였다. 당시에는 여러 연구자가 의학 저널을 통해 성과를 효율적으로 공유하며 이해의 돌파구를 마련하고 있었다. 실제로 코흐의 발견보다 15년 앞서 에드윈 클렙스Edwin Klebs가 결핵의 감염 경로를 입증했지만, 그의 연구는 널리 알려지지 못했다. 또 병원체 자체를 분리·규명하지 못했기에 과소평가되었다.

또한 코흐의 발견이 갑자기 하늘에서 떨어진 것이 아니었듯, 그가 겪은 파국적인 몰락 또한 예외가 아니었다.

1869년, 스물여섯 살의 코흐는 지금의 폴란드 서부에 해당하는 작은 마을에서 일하고 있었다. 당시에는 젊은 의사들이 흔했다. 그때는 오늘날 우리가 의사에게 요구하는 수년간의 대학원 교육과 레지던트 과정이 존재하지 않았는데, 습득해야 할 의학 지식 자체가 그다지 많지 않았기 때문이다. 코흐는 개업 후 자리를 잡지 못하고 있던 차였는데, 그 지방의 한 남작이 실수로 자기 자신을 쏘는 사건이 발생했다. 코흐는 유럽에서 막 확산하기 시작한 새로운 위생 기술을 활용해 남작의 감염을 막아 목숨을 구했고, 이 일로 지역사회에서 꽤 명성을 얻게 되었다.

코흐는 상처 감염 그 자체는 물론 감염을 일으킬지도 모른다고 추정되는 눈에 보이지 않는 생물들에 매료됐다. 아내 엠마는 남편이 직접 미생물을 관찰할 수 있도록 현미경을 선물했다.•

코흐는 본격적인 과학자의 세계에 발을 들이기 위해 거듭 시도했다. 대학에 임용되기를 바라며 자신의 논문이 최고 수준의 학술지에 실리기를 꿈꾸었다. 그러나 훗날 그의 상징이 될 특유의 꼼꼼한 연구 스타일에도 불구하고, 1876년에 중대한 발견을 이루기 전까지 성공은 늘 그를 비껴갔다. 그해 코흐는 탄저병이 세균에 의해 발생한다는 사실을 우아하고도 명확하게 입증했다. 그는 최근 탄저병으로 죽은 동물의 조직 표본을 염색해 현미경으로 관찰했다. 표본 속에는 막대 모양의 미생물이 여전히 살아 꿈틀거리는 모습이 보였다. 이후 코흐는 병든 동물의 조직을 건강한 토끼에게 주입했다. 원래 건강했던 토끼의 조직 표본에서는 그 미생물의 흔적이 전혀 관찰되지 않았었다. 그런데 주입 후 곧 멀쩡하던 토끼가 죽었다. 부검 조직검사 결과 조직 속에는 막대 모양의 미생물들이 '적당한 수$_{\text{moderate number}}$'로 관찰되었다. 지금 우리가 탄저균$_{Bacillus\ anthracis}$으로 알고 있는 바로 그 세균이다.

• 그러나 로베르트 코흐는 아내의 너그러움에 훗날 헤트비히라는 10대 소녀와의 장기간 불륜을 저지르는 것으로 보답했다. 결국 그는 끊임없는 야망과 자기 몰두에 걸맞게 아내를 떠나 헤트비히에게 갔다. 하지만 코흐가 이미 명성, 부, 권력뿐 아니라 불명예까지도 안은 뒤인 1890년대의 일이다.

그러나 이것만으로는 여전히 인과관계를 입증할 수 없었다. 죽은 토끼의 조직 속 다른 요인이 건강한 토끼를 죽음에 이르게 했을 수도 있었기 때문이다. 탄저균이 존재한 것도 그저 우연일 수 있었다. 그래서 코흐는 죽은 토끼에게서 표본을 채취해 달걀로 만든 용액에 탄저균을 배양했다. 그리고 그 용액에서 다시 표본을 채취해 다른 토끼에 주입하자, 그 토끼 역시 곧 죽었다.

이렇게 코흐는 탄저균을 분리하고 전염 경로를 확립함으로써 이 세균이 탄저병을 일으킨다는 사실을 입증했다. 오늘날까지 세균학과 바이러스학에 남아있는 중요한 원칙이 바로 여기서 비롯되었다. 그 결과 그의 논문은 의학 학술지 논문치고는 큰 반향을 일으켰다. 코흐는 당대 주요 연구소들로부터 초청을 받아 새롭게 떠오르는 감염병 연구 강연자로 주목받는 스타 과학자가 되었다.

곧이어 코흐는 본인의 가장 유명한 발견을 하게 된다. 바로 결핵균을 품고 있는 백혈구 덩어리, 바로 결절이라 불리는 구형의 응집체에서 분리한 결핵균이 탄저병과 유사한 전염 경로를 만들어낼 수 있다는 사실을 보여준 것이다.

코흐는 결절 속에서 발견된 막대 모양의 미생물을 배양한 뒤 그 세균을 기니피그에 주입했다. 기니피그는 실제로 심하게 앓았다. 이를 통해 코흐는 결핵이 (적어도 기니피그에게는) 유전적 소인에서 비롯된 질환이 아니라 이 작고 꿈틀거리는 세균의 침입으로 시작된다는 사실을 입증했다.

토머스 괴츠Thomas Goetz는 자신의 저서 《치료제: 로베르트 코흐,

아서 코난 도일, 그리고 결핵 치료 정복기The Remedy: Robert Koch, Arthur Conan Doyle, and the Quest to Cure Tuberculosis》에서 코흐가 결핵이 자신이 '결핵균'이라 명명한 균에 의해 발생한다는 사실을 입증하는 논문을 발표했을 때 "박수나 웅성거림, 반박도 없었다"라고 썼다. 그리고 괴츠는 이렇게 덧붙였다. "청중은 그저 완전히, 철저히, 절대적으로 할 말을 잃었다." 과학자 파울 에를리히Paul Ehrlich는 훗날 이렇게 회고했다. "그날 저녁은 내 과학 인생에서 가장 중요했던 경험이었다."

19세기가 끝날 무렵 로베르트 코흐의 연구가 반복 검증되고 받아들여짐에 따라 몸을 쇠약하게 하면서도 영혼을 성장시킨다고 여겨졌던 유전성 질환인 소모병의 시대는 막을 내렸다. 그 대신 가난한 사람들과 사회적 소외계층을 덮치는 감염병인 결핵의 시대가 열렸다. 사실 해리 비처 스토가 묘사했던 밝고 온화하고 다정한 병이라는 '소모병'에 대한 인식은 우리가 결핵을 이해하는 방식과 너무 달라서 같은 질병임에도 마치 전혀 다른 병처럼 느껴진다. 소모병은 몸을 서서히 파괴하면서도 영혼을 풍요롭게 한다고 여겨진, 어디까지나 아름다워 보이게 하는 유전 질환이었다. 반면 결핵은 공포였다. 몸속에서 번식해 곁에 있는 누구에게든 퍼져 나가는, 보이지 않는 오염이었다.

9장

없는 사람 취급

 결핵이 인종화되는 과정에서 지성의 유전병에서 불결함의 감염병으로 이어지는 극적인 전환을 확인할 수 있다. 1880년까지도 미국 백인 의사들은 미국 흑인에게는 결핵이 발병하지 않는다고 주장했다. 그 이유는 흑인들이 '백사병'에 걸릴 만큼의 지적 우월성이나 차분한 기질이 없다는 것이었다. 그러나 1882년 코흐가 결핵균을 발견한 후 상황은 완전히 달라졌다.

 인종차별적이었던 의학계는 더이상 백인 집단에서 결핵 발생률이 높다는 점이 백인 우월성의 증거라고 주장하지 않았다. 대신 흑인 집단에서 결핵 발생률이 높다는 점이 백인 우월성의 증거라고 주장했다. 예컨대 1896년에 한 백인 의사의 논문에서는 아프리카계 미국인이 유독 결핵으로 과도하게 사망하는 이유가 흉곽 용적이 작고 호흡률이 높기 때문이라고 했다.

물론 이 모든 것은 사실이 아니었다. 흑인이 결핵에 더 잘 걸린 이유는 인종에 내재한 요인 때문이 아니라 인종차별 때문이었다. 인종차별로 인해 미국 흑인은 결핵의 중요한 위험 요인인 과밀한 주거 환경에서 살 가능성이 높았고, 영양 결핍에 시달릴 가능성과 극심한 스트레스를 겪을 가능성이 높았으며, 의료 서비스에 접근할 가능성이 낮았다. 수천 건 중 하나의 사례만 들겠다. 1차 세계대전 참전 흑인 용사 토머스 앨버트 화이트Thomas Albert White는 화학전 공격을 받은 뒤 잠복 결핵이 활동성 결핵으로 발병되었다. 미국으로 돌아온 그는 연방정부의 명령으로 결핵 병원에 이송되었으나 모든 병원으로부터 입원을 허가받지 못했다. 결국 화이트는 치료받지 못하고 결핵으로 사망했다.

20세기 초에도 아일랜드계 및 중국계 미국 이민자들은 결핵에 걸리기 쉬운 인종이라는 시선에 널리 노출됐다. 하지만 그때나 지금이나 결핵은 인종이라는 경로를 통해 전파되는 병이 아니다. 그저 인간 사회의 권력 구조가 그 길로 가라고 강요할 따름이다.

이러한 인종차별적 논리는 반발에 부딪혔다. 애초에 터무니없는 억지이기도 했고, 특히 흑인 의료인들의 반발이 심했다. 1909년 테네시 주의 스타일Stile이라는 이름의 의사는 이렇게 주장했다. "흑인은 결핵에 걸리기 쉬운 제 특성을 스스로 탓해야 한다." 이에 익명의 흑인 의사가 한 의학 저널에 글을 보내 이런 주장은 "과학적 주제를 철학적으로 논하며 지식을 전파한다기보다 열망과 편견을 부추겨 이름을 알리고 한 자리 차지하려는 싸구려 정치인의 행태에 더 가깝다"라고 썼다. 저항은 분명히 있었다. 하지만 그런 목소리는 번번이 묵살됐다.

이처럼 소외된 사람들과 그들에게 직접 의료를 제공하는 이들에 대한 편견은 지난 세기 동안 결핵을 확산시킨 주요 촉진제였다. 100년 전, 아프리카계 미국인 의사 A. 윌버포스 윌리엄스A. Wilberforce Williams가 "결핵의 진짜 원인은 인종이 아니라 가난, 열악한 주거와 위생 및 노동 환경, 장시간 노동, 높은 집세, 형편없는 음식"이라고 지적했을 때 그 말을 들었다면 오늘날 결핵에 대한 이야기는 얼마나 달라졌을까.

한편 미국의 대다수 백인 의학계는 이른바 '인종별 취약성race susceptibility', 즉 흑인에게 내재한 유전적 요인이 결핵을 유발한다는 생각에 집중했다. 감염병 시대를 맞은 결핵의 또다른 형태의 '스페스 프티시카'였다. 일부 백인 의사들은 심지어 이런 '취약성'이 미국의 노예제 폐지로 발생했다고 주장하기도 했다. 1896년 J. F. 밀러J. F. Miller 박사는 자신의 논문 〈해방이 남부 흑인의 정신적·신체적 건강에 미친 영향The Effects of Emancipation upon the Mental and Physical Health of the Negro of the South〉에서 해방 이전 남부의 흑인 사이에서 결핵은 '희귀한' 질병이었다고 (사실과 다르게) 주장했다. 하지만 실제로 결핵이 희귀했던 이유는 노예들에게는 진단받을 기회가 전혀 주어지지 않았기 때문이다. 게다가 흑인은 결핵에 거의 또는 아예 감염되지 않는다고 백인 의사들이 단정 짓는 세상에 살았던 것도 하나의 원인이었다. 그러나 밀러는 결핵의 원인을 이렇게 주장했다. "해방된 지

30년이 넘은 지금도 흑인은 내일을 거의 생각하지 않고 산다. 그럼에도 내일은 찾아오게 마련이라 흑인은 준비하지 못한 채 엄격한 요구와 맞닥뜨리게 된다." 밀러는 나아가 흑인을 건강하게 되돌리는 유일한 방법은 노예제를 부활시키는 것이라고까지 말했다.

미국에서 결핵에 걸린 흑인들이 살던 세계는 그들이 앓는 병이 흑인 인종에 내재한 약점과 취약성, 혹은 자유와 시민권 그 자체 때문에 생겨났다는 말을 의학계로부터 듣던 세계였다. 결핵이 감염병이라는 사실이 밝혀진 뒤에도 그들은 여전히 환자 본인을 탓했다. 그리고 이전보다 훨씬 더 인종화되고 짙은 낙인을 덧씌웠다. 그리하여 과거 어떤 형태의 낙인보다도 환자에게 더 큰 해를 입히고 있었다.

당시 결핵은 인종화된 폭력의 한 형태가 되었다고 해도 과언이 아니다. 예를 들어 캐나다와 미국에서는 수많은 원주민 아동이 강제로 기숙학교에 수용되었다. 1907년, 이미 전문가들은 이 계획이 "마치 감염병이 발병하기에 최적의 조건을 일부러 만든 것처럼 보인다"라며 경고음을 울리고 있었다. 캐나다 기숙학교에서의 결핵 사망률은 인류 역사상 진정으로 전례 없는 수준이었다.

캐나다 공중보건협회는 1930~1940년대 퍼스트네이션First Nations (이누이트와 메티스를 제외한 캐나다의 원주민) 공동체에서 매년 10만 명당 약 7백 명의 인구가 결핵으로 사망했다고 추정한다. 원주민이 캐나다 백인보다 결핵으로 사망할 가능성이 10배 이상 높았다는 의미다. 그러나 기숙학교 안에서는 수치로 따지자면 10만 명당 8천 명으로, 그곳에 수용된 아동의 8퍼센트가 매년 결핵으로 목숨을 잃었다. 또한 이런 불평등은 여전히 이어지고 있다. 오늘날에도 이누이트족은 캐나다 백인보다 결핵에 걸릴 가능성이 4백 배 이상 높다. 리나 파우스트Lena Faust와 코트니 헤퍼넌Courtney Heffernan은 이렇게 썼다. "이 죽음들을 오랫동안 이어져 온 유행병의 피할 수 없는 결과로 치부해서는 곤란하다. 그것은 기숙학교 제도를 설계한 이들의 의도적인 방치와 학대의 결과이다."

사회 질서 속에서 온전한 인간 이하로 취급받는 사람들은 결핵에 더 취약하다. 그들의 도덕적 규범이나 선택 또는 유전자 때문이 아니라 바로 그들을 온전한 인간으로 대우하지 않는 사회 질서 때문이다. 이는 질병에 대한 인간의 반응을 이해하는 데 매우 중요한 측면으로, 즉 질병에 덧씌워지는 낙인과 질병을 둘러싸고 우리가 만들어내는 윤리적 서사로 우리를 다시 이끈다.

내가 어렸을 때 아버지는 두 차례 암에 걸리셨다. 난 그 과정을 가까이에서 지켜봤다. 사람들은 아버지가 암에 걸린 이유를 두고 조부모님이 담배를 피워서, 운동을 충분히 하지 않아서, 브로콜리를 먹지 않아서라는 등 하여튼 별별 추측을 늘어놓았다. 물론 간접흡연과 잘못된 식습관이 암의 위험 요인인 건 사실이다. 하지만 조부모님이 담배를 피웠다고 해서 서른두 살, 두 아이의 아버지가 암에 걸리는 경우 역시 극히 드물다. 나는 질병을 도덕성과 연관 지어 바라보는 건 잘못이라고 생각한다. 암은 우리가 좋은 사람인지 아닌지에 전혀 관심이 없기 때문이다. 생물학에는 도덕적 나침반이 없다. 악인을 벌하지도, 선인에게 보상하지도 않는다. 선과 악의 존재 자체를 알지 못한다.

낙인이란 "당신은 이런 일을 당해도 마땅하다"라는 말이다. 그 안에는 "나는 이런 일을 당할 리가 없으니 내게 그 일이 일어날지 걱정할 필요가 없다"라는 뜻이 함축돼 있다. 이처럼 낙인은 환자에게 이중고를 안긴다. 질병이 주는 신체적·심리적 고통을 견디는 것만으로도 벅찬데 인간으로서의 가치가 깎이는 또다른 고통까지 감내해야 하기 때문이다.

오늘날 결핵과 함께 살아가는 이들은 병 자체와 싸우는 것보다 사회 속 낙인과 싸우는 일이 더 어렵다고 내게 말한다. 결핵 생존자인 한다 엥흐암갈란Handaa Enkh-Amgalan은 자신의 저서 《낙인찍힌 사람들: 한 몽골 소녀의 일기, 병과 낙인을 넘어 자립으로Stigmatized: A Mongolian Girl's Journal from Stigma & Illness to Empowerment》에서 앞으로 결혼하기도 어렵고, 사회에서 영영 분리될 수도 있으니 진단 사실을 숨기라는 말을 의사들에게 들었던 일을 회고했다. 결핵 전문가 제니퍼 퓨린Jennifer Furin 박사에게도 폐암이 아니라 결핵 진단을 받고 울음을 터뜨린 젊은 여성 환자가 있었다. "그래도 결핵은 치료할 수 있어요. 완치할 수 있답니다." 퓨린 박사가 그렇게 말했지만, 환자는 가족에게 수치를 덜 안겨주고 싶다며 차라리 암 진단이었기를 바랐다고 한다.

낙인은 매우 복잡한 현상이지만, 연구자들은 특히 심하게 낙인 찍히는 질병들의 공통적인 특징 몇 가지를 확인했다. 예를 들어 급성 질환보다 만성질환이, 그리고 위험하다고 인식되는 정도가 큰 질환일수록 낙인 가능성이 높다. 또한 결핵을 이해하는 데 매우 중요한 점은 감염병으로 여겨지는 병에 낙인이 더 심해질 수 있다는 점이다. 마지막으로 질병의 기원, 혹은 질병에 대한 인식도 중요하다. 질병이 개인 선택의 결과로 자초했다고 여길수록 낙인이 심해진다. 정신질환은 흔히 개인이 선택한 문제이거나 도덕적 나약함이라고 오해받는다. 일부 심장병이나 암 역시 그렇게 여겨진다. 나아가 성격과 질병 사이에 뚜렷한 연관성이 없을 때조차 우리는 구태여 연결 고리를 만들어낸다. 예컨대 암은 사회적 고립이나 감정을 억누르는 습관 탓에 생기는 병이라고 오랫동안 믿어왔다. 이런 설명이 잔혹하고 비인간적일지라도 우리는 그 내용을 쉽게 받아들인다. 왜냐하면 호랑이는 자야 하고, 새는 착지해야 하며, 인간은 이해했다고 자기 자신을 납득시켜야 하기 때문이다.

매우 위험하다고 인식되는 모든 만성질환과 매한가지로 결핵은 인류 역사 내내 심한 낙인을 감당해 왔으며, 지금도 다르지 않다. 오늘날 결핵은 빈곤과 연관된다는 이유로 수치의 표식처럼 여겨지는 데다 개인의 선택이나 도덕적 결함과 연결되는 경우도 많다.

결핵 생존자들을 만나 보면 거의 모두가 낙인찍히는 것이 가장 힘들다고 꼽는다. 세계 여러 지역에서는 결핵 진단을 받은 아이를 가족이 병원이나 치료센터에 데려다 놓은 뒤 버리는 경우가 허다하다. 시에라리온에서 수년간 약제내성 결핵과 싸워 살아남은 한 남성은 본인이 병을 앓은 뒤 대가족 모두 자신을 외면했다고 했다. 그래서 아는 사람을 마주칠까봐 프리타운에 가지 않는다고 말했다. 그는 친구와 가족에게 메신저 어플로 메시지를 보냈는데, 저주받은 남자와 더이상 아무 관계도 맺고 싶지 않다고 했다고 한다.

가족에게 버림받은 한 젊은 여성은 내게 이렇게 말했다. "저는 가족들한테 없는 사람 취급을 받아요." 그 여성은 차라리 결핵으로 죽었더라면 하고 가끔 생각했다고 한다. 병이 나은 뒤에도 계속되는 낙인이 너무나 깊었기 때문이다. 결핵에 걸렸다가 회복했다는 사실을 알게 되면 사람들은 발길을 끊었고, 이를 알게 된 모든 동네 사람은 이전과 다르게 그녀를 대했다. 어떤 이들은 그녀가 결핵에 걸린 이유가 그 집안이 신에게 벌을 받았기 때문이라고 했다. 또 어떤 이들은 가난해서, 지붕이 새서, 혹은 모친이 흑마술에 관여했기 때문이라고도 했다. 이런 미신적인 믿음은 어리석다고 치부하기 쉽지만, 사실 우리 모두 부당하게 타인을 낙인찍는다. 우리는 흔히 어떤 질병에 '의미'를 부여하며, 그것을 일종의 처벌 행위로 만들곤 한다.

헨리는 부모에게 버림받지 않아서 다행이었지만 많은 친척이 그

와의 관계를 끊었다. 그러나 아이사투는 살아있는 하나뿐인 자식을 그 어느 때보다도 꼭 붙잡았고, 헨리는 라카에서 그 사랑을 느꼈다. 헨리는 어느 시 한 편에 이렇게 썼다.

> 엄마, 당신은 특별하고 아름다워요.
> 엄마는 더 가까이 서 계시네요.
> 모두가 도망쳤을 때도
> 제 사촌마저 도망쳤을 때도요.
> 그래도 엄마는 굳건히 서 계시네요.

나는 이 시를 자주 떠올린다. '엄마는 더 가까이 서 계시네요'와 '모두가 도망쳤을 때도' 사이의 시제 변화가 주는 놀라움을 생각한다. 다른 모든 이의 존재는 과거가 되어버렸다. 그러나 아이사투의 존재는 지금 여전히 현재에 함께 남아있다.

10장

투베르쿨린 연구

세균론 시대를 대표하는 천재로 칭송받은 인물은 로베르트 코흐만이 아니었다. 프랑스 의사 루이 파스퇴르Louis Pasteur는 1860년대에 포도주 발효 과정에서 미생물이 하는 역할을 규명하는 (지극히 프랑스적인) 연구로 명성을 얻었다. 1880년대 초, 파스퇴르는 탄저병이 세균에 의해 발생한다는 코흐의 발견을 뒷받침했다. 이에 그치지 않고 탄저균을 가열해 더이상 포자를 만들 수 없을 정도에 이르게 한 다음, 이를 동물에게 주사하는 방식으로 탄저병 백신을 개발했다. 이렇게 죽은 균을 접종한 동물들은 치명적인 탄저병 감염에 면역이 생겼다. 이로써 파스퇴르는 탄저병의 원인뿐 아니라 그 해결책까지 제시한 셈이 되었다.

코흐가 결핵균을 발견한 뒤 의학계에서 무슨 일이 벌어졌는지 이해하려면 당시 지정학적 상황을 조금 살펴볼 필요가 있다. 프랑스와 독일은 프랑스-프로이센 전쟁을 막 끝낸 참이었다. 이 전쟁은 독일 국민, 나아가 독일 민족주의의 위대한 승리였다. 독일이 프랑스를 초토화하여 승리를 거둔 비결은 더 뛰어난 군사 기술은 물론 더 나은 의료 기술을 보유한 덕분이었다. 즉 프랑스 의사들은 소독제를 사용하지 않았던 반면, 독일 의사들은 상처 치료 시 소독제를 보편적으로 사용했기에 독일의 전사자 수가 확연히 적었다. 의료의 발전은 독일의 성공에 필수적인 요소로 인식되었다. 따라서 독일의 코흐가 발견한 탄저병이 불과 몇 년 뒤에 프랑스의 파스퇴르가 개발한 탄저병 백신에 의해 빛을 잃게 되자 독일 당국은 큰 실망을 감출 수 없었다.

이른바 순수하다고 여겨지는 과학 세계마저 발견의 순간에 권력이 압박하는 무게를 느끼게 된다는 점이 흥미롭다. 외부인을 만들어내려는 우리의 욕망, 협력하면 더 나을 수도 있는 집단 간의 자원 경쟁, 그리고 오랜 전쟁의 역사가 모두 발견의 순간에 맞물려 있다.

프랑스와 독일의 정치인들은 의학적 발견과 국가적 성공 사이의 연관성을 입을 모아 찬미했다. 코흐가 콜레라의 원인균을 규명한 뒤, 그의 업적을 기리는 연회가 열렸다. 연회의 초대장에는 이렇게 적혀 있었다. "13년 전 독일 국민이 우리 민족의 오랜 숙적에 맞서 거둔 영광스러운 승리를 축하했듯이, 오늘날 독일 과학이 인류의 가장 위협적인 적 가운데 하나를 상대로 거둔 찬란한 승리를 축하고자 합니다." 그러나 코흐와 그의 독일 동료들은 또다시 추월당했다. 루이 파스퇴르가 곧 콜레라 백신을 개발해 버린 것이다. 그

때부터 사람들 사이에서는 독일인들은 질병의 원인균만 밝혀낼 뿐 실제 치료법은 늘 프랑스인들이 개발한다는 인상이 점차 굳어졌다. 코흐 역시 명성을 얻었지만, 실질적인 치료법을 만들어낸 파스퇴르의 성공을 늘 부러워했다. 어쩌면 그런 이유로 자신의 명성이 절정에 이르렀을 무렵 로베르트 코흐는 오랫동안 자신의 트레이드 마크였던 치밀한 지성을 버리고 결핵 치료법을 발견했노라고 섣불리 선언해 버렸는지도 모르겠다.

1880년대 후반 코흐는 결핵균에서 추출한 물질을 이용해 결핵 치료 가능성을 시험하기 시작했다. 코흐는 먼저 동물을 대상으로 실험했다(흰 생쥐를 실험에 이용하는 개념은 사실상 코흐가 처음 고안했다). 그리고 곧장 자신이 만든 치료제가 인간에게도 안전하다고 결론 내렸다. 코흐는 반투명한 갈색 액체, 이른바 '코흐의 혈청' 또는 투베르쿨린tuberculin을 네 명의 피험자인 본인과 당시 내연녀였던 헤트비히, 조수 두 명에게 주사했다. 주사를 맞은 네 사람은 모두 몇 시간 만에 발열과 함께 이례적으로 격렬한 오한을 겪으며 앓았다. 그러나 하루가 채 지나지 않아 회복했고, 완전히 나았다. 이는 비교적 해가 없는 형태의 병원체에 노출하여 면역 반응을 일으킨 후 해당 질병에 면역을 얻게 되는 방식인 파스퇴르의 탄저병 백신이나 콜레라 백신의 작동 방식과 비슷해 보였다. 코흐의 눈에는 인체가 스스로 '발열 요법'을 통해 병을 고친 것처럼 보였다. 코흐는 거기서 더 나아갔다. 그는 결핵 환자에게 이 혈청을 주사했을 때 결절로 가득한 일부 조직이 죽어가는 듯 보인다는 사실을 관찰했다. 코흐는 자신의 혈청이 결핵 감염을 예방할 수 있는 데다 이미 결핵을 앓고 있는 환자도 치료한다고 주장했다.

코흐가 이 치료제의 소식을 알리기 시작하자 전 세계가 주목했다. 파스퇴르의 혈청이 탄저병과 콜레라를 예방하는 효과를 보였다는 사실을 고려하면 대중이 보기에는 코흐의 혈청도 당연히 효과가 있음이 타당해 보였다. 특히 그의 세심하고 정밀한 연구 태도에 대한 명성이 이를 뒷받침했다. 그리하여 수천 명의 결핵 환자들이 코흐의 치료를 받기 위해 베를린으로 몰려들었다. 이들 중에는 이미 중증으로 진행된 환자가 꽤 많았는데 치료를 기다리다 기차 객실이나 호텔 방, 혹은 길 위에서 숨졌다.

1891년 초, 《브리티시 메디컬 저널》의 이례적인 특별 부록을 통해 코흐의 혈청 소식이 영국에 전해졌다. 영국 남부 해안의 한 소도시에서는 또다른 젊고 야심찬 의사가 그날 받은 우편물을 열어 이 놀라운 물질에 관한 글을 읽기 시작했다. 바로 "코흐가 실험에 사용한 동물에게 결핵균 접종으로 면역을 부여하고 결핵성 질병을 억제하는 치료법을 발견했다"라는 내용이었다. 이 발상은 너무도 흥분되는 것이었다. 의사는 훗날 이렇게 썼다. "갑자기 베를린으로 가야겠다는 강한 충동이 밀려왔다. 그 이유를 명확히 설명할 수는 없었지만, 저항할 수 없는 충동이 들어서 나는 곧바로 떠나기로 결심했다." 그리하여 아서 코난 도일 박사는 그날 바로 진료를 접고 가방을 싸서 베를린을 향한 여정을 시작했다. 코난 도일은 훗날 세계적으로 매우 유명한 소설가가 되었을 뿐 아니라 코흐의 치료법이라는 '기만적인 거품'을 터뜨린 인물이 되었다.

질병이 세균을 통해 발생한다는 이론이 처음 선보였을 때 얼마나 짜릿하고도 소름 끼치는 일이었을지 한번 상상해 볼만 하다. 루이 파스퇴르가 말했듯 "삶이 극도로 미세한 저 생명체들의 증식에 좌우될 수 있다고 생각하면 두렵기 짝이 없지만, 과학이 그런 적들 앞에서 언제까지나 무력하기만 하지는 않을 것이란 희망은 위안이 된다." 파스퇴르는 많은 이들이 느끼는 공포를 인정했다. 그건 마치 공포 영화 소재에 가까웠다. 즉 눈에 보이지 않는 생물들이 우리 몸 안팎에서 꿈틀대며 수십억 마리로 증식해 몸을 장악하여 병들게 하거나 죽음에 이르게 한다는 사실을 인식하는 것 말이다. 하지만 파스퇴르는 미생물을 더 깊이 이해함으로써 생겨나는 희망 또한 보았다.

그러나 세균론은 전혀 다른 세계를 불러왔다. 우리 인간은 사자나 곰 같은 포식자로 인한 사망을 줄이며 스스로 '문명화'되었다고 여겼었다. 또한 인류는 다른 모든 종을 훨씬 능가하며 이 세상에서 가장 위대한 힘을 지닌 종이라고도 생각했었다. 하지만 코난 도일은 결핵균에 대해 훗날 이렇게 썼다. "이 얼마나 지옥 같은 세균인지! 참 터무니없지 않은가. 호랑이도 잡는 우리가 이런 독살스러운 작은 미물에게는 얕보이다니."

솔직히 말해서 내가 결핵에 관심을 두게 된 이유 중 하나는 강박장애를 앓고 있어서다. 나의 강박적 걱정은 특히 미생물과 질병을 중심으로 맴도는 경향이 있다. 질병의 세균론이 나오기 전까지는 우리 몸을 이루는 세포의 절반 정도가 사실 내 소유가 아니라는 사실, 즉 나를 식민지 삼아 점령하고 사는 세균과 온갖 미시적 생물들이 있다는 걸 다들 몰랐다. 이런 미생물들은 체중을 늘거나 줄어들게 하고, 병들게 하고, 심지어 죽음에 이르게 할 수도 있다. 최근에는 장-뇌 정보축gut-brain information axis이라는 경로를 통해 장내 미생물군이 생각 자체와도 연결될 수 있다는 증거가 나오고 있다. 그러니까 내 머릿속에 있는 생각 중 일부는 사실 내 것이 아니라 내 소화관 속에 사는 세균의 생각일 수도 있다는 얘기다. 연구에 따르면 어떤 장내 미생물은 주요 우울증이나 불안장애와도 관련이 있다고 한다. 그러니 어쩌면 내 강박장애 역시 나의 장내 미생물 탓일 수도 있다. 그렇다면 역설적으로 내가 미생물을 두려워하는 이유가 바로 미생물 탓일 수도 있다는 얘기다.●

내가 1800년에 살았다면 물론 강박장애는 앓았을 테지만 미생물 감염을 두려워하지는 않았을 것이다. 그땐 미생물이 알려지지 않았

● 특정 미생물군은 인체가 특정 음식을 갈망하게 한다고 한다. 탄수화물이나 단백질, 혹은 그 외 무언가가 간절히 먹고 싶어진다면 사실은 내가 배고픈 게 아니라 내 안의 세균들이 원하는 걸지도 모른다.

으니 말이다. 그러나 현재 나는 이렇게 글을 쓰며 두드리는 키보드 위나 내 피부, 내 입안을 비롯한 모든 곳에서 미생물을 느낀다. 미생물은 나에 대한 이해를 흔들어 놓는다. 결국 '나'라는 것은 무엇인가? 나의 절반이 내가 아니라면, 내가 아닌 그 절반이 '나'의 사고와 감정 일부를 좌지우지한다면? 의식과 사랑과 갈망과 두려움을 지닌 한 인간이 사랑도 갈망도 두려움도 모르는 세균의 과도한 증식으로 끝장날 수 있다는 사실은 무슨 뜻인가? 내가 그 독살스러운 작은 미물에게 살해당할 수도 있다니 얼마나 어처구니없는지!

베를린에 도착한 젊은 의사 아서 코난 도일은 코흐 박사와 만나려고 했지만 여의치 않았다. 그는 결국 코흐의 자택 문 앞까지 찾아갔다. 집사가 코난 도일을 현관 안으로 들였으나, 결국 위대한 독일 의사를 만나지도 못하고 발길을 돌려야 했다. 대신 코난 도일은 베를린 곳곳을 돌아다니며 이 신비한 혈청의 정체와 그것이 인체에 미치는 영향을 이해하려 애썼다. 그 결과 발견한 것은 코흐가 약속했던 '치료법'과는 꽤 달랐다. "우리가 이 혈청을 완벽하게 알지 못한다는 점에는 의심의 여지가 없다." 코난 도일이 관찰한 바에 따르면 투베르쿨린은 결핵 환자에게 어떠한 영향을 주기는 했지만, 치료 효과가 있다고 보기는 어려웠다. 오히려 결핵균 자체를 제거하기보다 이미 감염된 조직만을 죽이는 듯했다. 코난 도일은 이렇게 썼다. "쥐가 들끓는 집에 사는 사람이 매일 아침 그 흔적을 치우기만 하면서 그런 식으로 쥐를 없앨 수 있다고 믿는 것과 같다." 달리 말하자면 투베르쿨린은 '쥐'를 잡는 게 아니라 '쥐똥'을 치우고 있었다.

훗날 르네 뒤보스와 진 뒤보스는 코난 도일이 쓴 글이 "그 주제를 놀라울 만큼 똑똑하게 이해하고 있어서 코난 도일이 내린 분석에 따로 보탤만한 중요한 내용은 거의 없었다"라고 평했다. 코난 도일은 코흐가 보지 못했던 것을 즉시 간파했다. 다시 말해 투베르쿨린은 결핵에 걸린 사람들에게는 강력한 면역 반응을 일으키지만, 그 면역 반응이 몸이 결핵과 싸우는 능력을 나아지게 하지는 않는다. 그 결과 투베르쿨린은 결핵 환자를 낫게 하기는커녕 오히려 더욱 아프게 할 때가 많았다. 또한 투베르쿨린은 백신으로도 작동하지 않았으며, 과거에 결핵에 걸린 적 있는 사람들에게만 면역 반응을 일으켰다. 다시 말해 감염을 예방하지는 못했다.

하지만 코난 도일은 투베르쿨린의 특정 측면이 공중보건 도구로는 유용할 수 있다는 사실을 깨달았다. 즉 그 혈청이 이미 결핵에 걸린 사람들에게만 면역 반응을 일으킨다는 점을 이용하여 결핵 감염을 진단하는 데 쓸 수 있다는 점이었다. 코흐 박사와 내연녀 헤트비히, 실험실 조수 두 명 모두 투베르쿨린 주사를 맞은 후에 앓았던 데는 이유가 있었다. 바로 네 사람 모두 이미 결핵에 걸려 있었기 때문이다(사실 19세기 유럽 북부에서는 거의 모든 사람이 결핵 감염 상태였다). 앞서 살펴본 것처럼 결핵에 걸린 사람 중 약 90퍼센트는 절대 발병하지 않는다. 인체가 결핵균을 결절 안에 가두어 두는 데 성공해서이다. 하지만 투베르쿨린에 노출되면 증상이 없는 감염 상태에서도 면역 반응이 나타난다. 투베르쿨린은 결핵을 치료할 수는 없지만, 결핵을 '확인'할 수는 있다. 왜냐하면 결핵균에 감염된 사람만이 투베르쿨린에 면역 반응을 보이기 때문이다.

마침내 투베르쿨린은 유용하게 쓰이게 되었다. 소량을 피하에 주사하여 주사 부위가 부어오르는지 확인하는 방식인데, 부종은 인체의 면역세포가 과거 결핵균을 접한 적이 있어 그것을 인식한다는 신호가 되었다. 투베르쿨린 피부반응검사는 누가 활동성 결핵을 앓고 있는지 혹은 특정 감염에 어떤 치료가 필요한지를 정확히 판별할 수는 없다. 하지만 결핵 감염이 비교적 희귀한 나라에서는 특히 유용한 선별 도구로 쓰인다.

그러나 코흐는 성급하게도 이를 반응검사가 아닌 치료제라고 단언했기에 베를린을 비롯해 전 세계의 수천 명이 '코흐의 혈청'을 맞다가 목숨을 잃었다. 르네 뒤보스와 진 뒤보스가 쓴 것처럼 "투베르쿨린이 살린 환자보다 죽인 환자가 더 많다는 사실이 이내 명백"해졌다. 코흐는 결국 불명예를 안았고, 이전의 명성을 회복하기 위해 고군분투해야 했다. 특히 코흐는 끝까지 자신의 치료제가 진짜 치료제라는 생각을 고수했다. 코난 도일은 영국으로 돌아가 그 후 10년이 채 지나기 전에 첫 셜록 홈스 소설을 발표했다. 사망 원인에 대해 철저한 추론과 증거를 통해 결론에 이르는 탐정의 이야기인데, 홈스의 일이 곧 작가 자신이 했던 일과 그다지 크게 다르지 않았다.

11장

두려움과 희망

결핵은 주로 공기 중을 떠다니며 전염성 있는 기침과 침을 통해 퍼진다는 사실이 금세 알려졌다. 그러나 소의 결핵균에 오염된 우유나 다른 경로를 통해서도 전염될 수 있었다. 많은 이들은 결핵균이 섞인 먼지를 들이마셔서 감염된다고 추측하기도 했고, 또 어떤 이들은 곤충이 환자에게서 결핵균을 옮긴다고 보았다.

먼저 결핵의 집단 발병을 조장하는 것으로 보이는 장소와 환경에 관심이 집중되었다. 과밀한 주거 시설, 더러운 공장, 파리가 들끓는 환경, 대중이 뿜어내는 끝없는 담배 연기와 침 등이 그 예다. 찰스 디킨스가 한때 지적했듯 미국은 '침 뱉는 나라'였다. 사람들은 전차 안과 보도 위, 음식점 바닥, 하다못해 집 안에서도 침을 뱉었다. 이에 따라 공중보건에서 매우 노력한 부분은 침 뱉기를 억제하거나 심지어 법으로 금지하는 것이었다(지금도 미국의 많은 도시에서는 공공

'당신의 애정 어린 키스는 곧 감염의 원인균'이라는 문구가 쓰여 있다.

장소에서의 침 뱉기가 불법이다). 이는 실제로 감염률을 어느 정도 낮추는 효과를 가져왔다. 또한 기침이나 재채기를 할 때 손수건으로 반드시 가려야 하고, 없으면 손으로라도 가리도록 설득하는 운동은 결핵 및 다른 호흡기 질환의 전파를 훨씬 줄였다. 보건 당국은 아기에게 입 맞추는 행위도 자제하라고 권고했다. 이는 감염 위험을 감소시켰을 가능성과 함께 무엇보다 20세기 초의 훌륭한 포스터 시리즈를 낳았다.

안전하고 위생적인 공간을 구축하겠다는 열망은 20세기 초 삶의 모든 측면에 닿아 있었다. 도서관의 장서는 결핵이나 다른 감염병이 집마다 옮겨가는 것을 막기 위해 정기적으로 소독하곤 했으며, 거리 청소 전에는 물을 뿌렸다. 눈에 보이지 않는 세균이 먼지 입자에 섞여 환경미화원을 거쳐 가정과 이웃으로 퍼지는 것을 차단하기 위해서였다.

공중보건의 또다른 요주의 대상은 파리였다. 결핵 발생률이 특히 높았던 빈민가와 공장에서 흔히 볼 수 있었던 파리는 두려움과 혐오의 대상이 되었다. 1910년 한 논문에서는 파리가 '환자의 침에서 아기 젖병의 젖꼭지로, 쓰레기통에서 잠든 아이의 입술로, 시신에서 신선한 과일로' 결핵균을 옮길 수 있다고 묘사했다. 이에 따라 사람들은 창문과 현관에 방충망을 설치했다. 또한 음식 위를 덮어 파리를 막으라는 권고도 받았다. 파리는 실제로 사람 사이에서 여러 질병을 옮길 수 있다. 하지만 결핵에서만큼은 아니다. 게다가 사실상 파리로 병에 걸릴 가능성은 매우 낮다. 최근 한 세균학자가 했던 말마따나 "문제가 생기려면 실제로 파리를 먹어야" 한다.

사람들은 또한 흙과 먼지, 세균이 달라붙을 수 있는 인체 부위들에 집착했다. 이는 다시금 패션을 비롯해 몸치장과 사회적 습관을 바꾸어놓았다. "잘 다듬은 수염은 마치 아마존 정글 같아서 그 속에 도사리고 있을 세균과 해로운 병균의 수를 헤아릴 길이 없다. 다만 그 수가 한 부대처럼 많음은 분명하다"라고 에드윈 F. 바워즈Edwin F. Bowers 박사는 1916년 한 잡지에 〈수염의 위협The Menace of Whiskers〉이라는 글을 실어 주장했다. 수염에 결핵균이 달라붙을 수 있다는 두려움은 《하퍼스 위클리Harper's Weekly》가 '수염에 맞선 반란'이라 부른 현상을 촉발했고, 곧 깨끗하게 면도하는 시대의 서막이 열렸다. 또한 여성의 치맛단은 점점 짧아졌다. 바닥까지 끌리는 드레스 자락이 더러운 바닥을 통해 결핵균을 옮길 수 있다는 불안이 커졌기 때문이다. 그러나 니콜 루돌프Nicole Rudolph가 〈우리 발바닥에 짓는 죄Sins against Our Soles〉에서 지적했듯 "위생은 단순히 신체 건강을 넘어선 문제"였다. 위생은 패션을 악역으로 몰아붙이는 구실로 계속 이용되었다. 치마는 너무 길거나 짧아서도 안 됐다. 긴 치마는 결핵 입자를 집으로 끌고 들어올 수 있고, 짧은 치마는 감기에 걸리게 할 수 있어서였다. 당시에는 감기가 결핵의 원인이라고 여겼었다. 어떤 패션도 가부장적 의료 권력이 위생적이라고 인정해주지 않으면 정당성을 얻지 못했다. 몸만이 아니라 마음과 행실까지도 깨끗해야 한다는 도덕적 위생에 대한 믿음도 결핵을 통제하는 데 필수적인 요소였다. 술을 너무 많이 마시거나 다른 악습에 과도

하게 빠져서는 안 됐다. 그렇게 하면 결핵이 몸속에 침투하도록 초대하는 꼴이 된다고 생각했기 때문이다.

헨리는 회고록에 라카에서 보낸 시간을 이렇게 썼다. "새벽이 밝아올 무렵이면 간호사들이 약이 담긴 쟁반을 들고 찾아왔다. 내 안의 싸움을 상기시키는 쓰라린 알림과도 같았다. 각자 고유한 부작용을 지닌 이 알약들을 두려움과 희망이 뒤섞인 마음으로 삼켜야 했다." 항결핵제가 개발되기 전에는 매일 아침 이러한 약 쟁반은 없었지만, 그 외의 경험은 대동소이했다. 치료제가 나오기 전에도 희망이 전혀 없었던 것은 아니었다. 실제로 결핵에서 회복하는 사람도 있었기 때문이다. 물론 흔하진 않아도 언제나 생존 가능성은 존재했다. 모든 일을 올바르게 하고, 신체와 정신을 모두 위생적으로 유지하며 생활하고, 의사들의 지시와 당대의 의학적 지혜에 귀 기울인다면 결핵은 반드시 치명적이지는 않았다.

두려움과 희망이 뒤섞인 이 감정은 심각한 질병의 길을 걷는 모든 이들이 깊이 느끼는 것으로, 19세기와 20세기 초에는 사람들을 여행으로 이끌곤 했다. 결핵 치료를 위해 여행을 한다는 발상은 코흐와 결핵균보다 훨씬 오래된 것이었다. 거의 코흐보다 2천 년 앞섰으며 굉장한 영향력을 지닌 로마의 의사 갈레노스는 폐결핵 치료법 중 하나로 '항해'를 권했다. 또한 카파도키아의 아레타이오스는 튀르키예로의 여행을 추천하며 그곳에 있는 아폴론의 유명한 사이프러스 숲에서 시간을 보내면 폐가 약한 이들이 치유될 수 있다고 권했다. 결핵은 본래 도시의 병이었기에 공기가 깨끗하거나 순수하다고 여겨지는 조용한 곳으로 가는 것이 합리적으로 보였다.

하지만 깨끗함과 순수함의 정의에는 그 누구도 합의하지 못했다. 토마스 만Thomas Mann의 《마의 산》 속 인물들처럼 산꼭대기로 올라가야 할까? 숲으로 들어가야 할까? 바닷가나 사막으로 가야 할까? 야외에서 살아야 할까? 실내에 머물러야 할까? 폐 회복을 위해 햇빛이 필요할까? 오직 깨끗한 공기만이 필요할까? 공기는 건조해야 할까?

20세기 초에 '결핵 요양소'라는 개념이 전 세계로 퍼져나가면서 각 의사와 공동체는 이런 질문에 저마다 다른 방식으로 답했다. 또한 결핵 환자 치료를 위한 전용 시설이 필요했다. 환자 개인의 건강을 개선하는 동시에 결핵 환자를 공동체에서 분리하는 조처였다. 이는 감염 고리를 끊기 위한 목적도 있었다. 어떤 요양소는 애팔래치아 산맥의 기후를 활용한 노스캐롤라이나 주 애슈빌 같은 산악지대(내 외종조부 스톡스가 돌아가신 곳)에 세워졌고, 또 어떤 요양소는 사막이나 도시 인근의 농촌 지역에 세워졌다. 일부는 도시 내에 들어서기도 했지만 대개는 외곽에 있었다.

요양소라는 시설은 곧 미국 사회에서 확고히 자리잡았다. 실라 로스먼Sheila Rothman이 《죽음의 그림자 속에 산다는 것: 미국 역사 속 결핵과 질병의 사회적 경험Living in the Shadow of Death: Tuberculosis and the Social Experience of Illness in American History》에서 썼듯이 1900년까지 미국에는 34개 요양소가 설립되어 4485개 병상을 운영하고 있었는데 25년 뒤에는 536개 요양소, 67만 3338개 병상으로 늘어났다. 요양소 설립이 절정에 이르렀을 때는 결핵 환자를 위한 병상의 수가 그 외 모든 질병 환자를 위한 병상의 수와 맞먹었다.

누군가의 말처럼 맑은 공기와 휴식, 햇빛은 '새로운 희망과 용기를 불어넣는다'라고 여겨졌다. 그래서 요양소에서는 환자들의 행동을 통제하며 환자들이 가능한 한 움직이지 않은 채 야외에서 시간을 보내도록 했다.* 미국에서는 캘리포니아 주 패서디나와 콜로라도 주 콜로라도스프링스처럼 도시 자체가 결핵 환자를 위해 세워지기도 했다. 특히 캘리포니아 남부는 건강에 좋다고 알려져 수만 명이 그곳으로 이주했는데, 가히 골드러시Gold Rush에 견줄 만한 인구 이동이었다. '폐병 환자'로 알려진 이들은 서부의 마을과 그곳에 새로 생긴 요양소에 정착했다. 그리고 완쾌하면 대개 새로운 고향에 머물며 가정을 꾸렸다. 미국의 지리를 새롭게 재편하는 데 한몫한 셈이다.

헨리는 라카에서의 삶을 "끝이 없는 단조로운 감각"이라고 묘사했

● 애디론댁 의자(Adirondack Chair)라고 하는 뒤로 젖혀진 나무판자 의자는 결핵 환자들을 위해 발명된 것으로, 침대를 밖으로 끌어내지 않고도 야외에서 쉴 수 있게 해주었다.

다. 그런 점에서 라카 생활은 요양소의 생활과 닮아 있었다. 대개의 환자가 지독하리만큼 지루해했다. 불구자invalid라 불렸던 이들에게 허락된 일이라곤 오로지 건강을 회복하는 것뿐이었다. 그런데 이 '불구'라는 말에는 만성질환을 앓는다는 게 무엇을 의미하는지가 고스란히 담겨 있다. 환자들 모두 사회 속에서 유효valid하지 않은 사람, 사회 질서에서 배제된 사람, 가족과 공동체로부터 떨어져 나온 사람이 되었다. 설령 집에서 요양한다 해도 여전히 일상의 많은 흐름에서 벗어나 있었다. 장을 보거나 교회에 가거나 가족을 방문할 만한 기력과 체력이 없었기 때문이다. 또한 요양소에 머무는 이들에게는 신체적·정신적 위생이라는 명목 아래 생활의 모든 부분이 세세히 제한되었다. 환자들은 거의 움직이지 말라는 말을 들었고, 편지를 쓰거나 머리를 빗는 것조차 만류했다. 감정을 너무 강하게 느끼거나 술을 마시거나 성관계를 갖지 말라는 지시도 있었다. 그런 '흥분되는' 행동들이 결핵을 악화시킬 수 있다고 생각했기 때문이다. 즉 하루 종일 침대나 의자에 가만히 누워 있어야만 했다는 뜻이다. 침대와 의자는 가급적 야외로 끌어내어 햇볕을 쬐고 신선한 공기를 쐬도록 했다. 지루함은 결핵 환자들의 회고록이나 가족에게 보낸 편지에 끊임없이 등장하는 주제였다. 요양소에 있던 한 환자는 이렇게 썼다. "나는 하루 종일 여기 누워 저 산만 바라보고 있다. 누가 산을 좀 재배치해 줬으면." 그럼에도 인간은 우리가 늘 그래왔듯이 언제나 스스로 즐길 거리를 찾아낸다. 규모가 큰 요양소에서는 환자가 직접 발간하는 뉴스레터와 신문이 번창했고, 심지어 환자가 운영하는 라디오 방송국까지 있었다. 가십은 환자들에게 연결과 설렘의 원천이었다. 특히 연애가 자주 싹텄는데, 아무리 통제하려 해도 막을 수 없었다. 의사들은 연애와 가십이 건강에 해롭다고 경고했지만 결국 대부분의 환자는 어쩔 수 없는 보통의 인간이었다.

가족들은 때때로 환자를 찾아오지 말라는 말을 들었다. 단순히 감염을 퍼뜨릴 위험이 있어서만이 아니라 환자의 건강에 해롭다고 여겨졌기 때문이다. 어느 요양소는 부모들에게 이렇게 말했다. "자녀분이 요양소에 보내진 이유는 아파서 치료가 필요하기 때문입니다. 최단기간에 회복시키고 싶다면 저희한테 맡겨 주십시오. 부모와 친척, 친구들의 간섭은 거의 없어야 합니다."

로스먼은 한 요양소를 두고 이렇게 묘사했다. "병원이라고 하기엔 너무 감옥 같고, 감옥이라고 하기엔 너무 병원 같다." 치료 가능성을 극대화하기 위해 어느 의사는 이렇게 했다. "환자의 삶에 대한 모든 사소한 부분까지 감독 의사가 통제하며, 중요한 일은 단 하나도 환자의 판단에 맡기지 않았다." 여기에는 무엇을 먹고, 언제 자고, 누구를 만나고, 심지어 무엇을 생각할지도 포함됐다. 이런 철저한 통제에 순응하지 않는다는 것은 곧 자살 행위였다. 메건 본은 《그들의 병을 치료하며》에서 이렇게 썼다. "환자들은 자신들의 운명이 요양소의 수많은 규칙을 따르는 데 달려 있다고 종종 경고 받았다."

요양소 환자들 가운데에는 아이들이 많았다. 그중에는 게일 퍼킨스Gale Perkins도 있었다. 소녀는 1930년대 중반, 보스턴에서 가족과 함께 살던 어린 시절에 뼈결핵에 걸렸다. 게일은 같은 집에서 지냈던 어느 결핵 환자에게서 병을 옮았다고 생각했다. 그러나 사실 아이들의 뼈결핵은 대개 오염된 젖소의 우유를 통해 감염되곤 한다.* 어느 쪽이든 뼈결핵은 아이들에게 더없이 가혹했다. 게일은 뼈가 점차 손상되는 고통 속에서 무려 열두 해를 요양원에서 보내야 했고, 그 시간 내내 견인 치료와 전신 석고붕대를 참아내야 했다.

게일은 세 살 무렵 매사추세츠 주의 레이크빌 요양소에 들어갔다. 그다음에는 많은 환자처럼 긍정적인 태도로 의사의 치료 계획에 절대적으로 순응하는 것이 생존에 필수적이라는 말을 들으며 지냈다. 게일은 이렇게 회상했다. "밤은 내게 두려움 그 자체였다. 어둠이 깔리기 시작하면 정적이 찾아왔다. 아이들은 울면서 엄마를 찾았다. 간호사들이 들어와서 '모두 조용히 하렴!'이라고 말했다." (여기서 우리는 한 세기 뒤 라카 공공병원에 있던 헨리의 삶과의 연결 지점을 보게 된다. 헨리는 밤이면 '병원 복도가 끝없이 이어져 있는 것만 같았다'라고 썼다.)

---

* 이는 우유를 저온살균 하기 시작한 중요한 이유 중 하나였다. 코흐 박사는 우리가 저온살균 우유를 '코흐 우유'라고 부르지 않는다는 걸 알면 꽤 서운해할지도 모르겠다.

공개적으로 우는 것은 많은 요양소에서 엄격히 금지되었다. 환자의 사기를 꺾어서 결국 치유 가능성 전반에 악영향을 미친다고 여겼기 때문이다. 게일의 요양소 생활은 모든 것이 환자를 통제하는 데 철저히 맞춰져 있었다. 환자들은 언제 읽고 쓸 수 있는지(애초에 허락받을 수 있는지), 얼마나 자주 일어날 수 있는지, 얼마나 자주 면회객을 만날 수 있는지 등 모든 것이 지시에 달려 있었다. 환자들은 매일 숱한 시간을 절대안정 치료를 하며 보내야 했다. 그 말인즉슨 꼼짝도 하지 않고 앉거나 누운 자세를 유지하면서, 말하거나 웃는 데조차 힘을 쓰지 않는 것을 뜻했다.

어린 게일에게는 면회 오는 사람이 거의 없었다. 게일은 종종 태도와 행실이 불량하다며 꾸중을 들었고, 침대를 적시거나 소리 내어 울 때마다 벌을 받았다. 게일은 이렇게 글을 남겼다. "벌을 받는 건 곧 고립을 의미했다. 아무도 나에게 말을 걸 수 없었고, 장난감을 갖고 놀 수도 없었으며, 침대 둘레에 쳐진 가림막 때문에 다른 아이들을 볼 수도 없었다." 이 모든 일이 일어났을 때 게일은 겨우 만 네 살이었다.

게일은 그리스계 이민자 가정의 아이였던 단짝 친구 앤지Angie에게 위안을 얻었다. 두 사람은 서로 친구가 되어서 무척 기뻐했다. 덕분에 게일의 로마 가톨릭 부활절과, 앤지의 그리스 정교회 부활절로 부활절을 두 번 즐길 수 있었기 때문이었다. 조용하고 차분하게 절대안정 치료를 할 시간에 게일은 자주 떠들거나 침대 위에서 몸을 꼼지락거려 혼나곤 했지만, 앤지는 모범적인 환자였다. 게일은 이렇게 회상했다. "그 애는 매일 아침저녁으로 기도문 책을 읽었다. 또 내가 말썽 피우지 않기를 기도하고 있다고 말해주곤 했다." 앤지는 어서 병이 나아 병원을 떠나고 싶어 했다. 자주 편지를 보내 주던 언니 폴린Pauline과 그 편지를 매주 빠짐없이 들고 면회 오던 아버지를 다시 만나고 싶었기 때문이다.

어느 날 어린 게일은 단짝 앤지에 관한 끔찍한 비밀을 우연히 듣게 되었다. 실은 매주 앤지에게 편지를 써주던 언니 폴린이 이미 결핵으로 세상을 떠나버렸다는 것이었다. "하지만 앤지의 아버지는 딸이 그 사실을 알지 못하게 했다"라고 게일은 회상했다. 결핵 환자가 충격을 받으면 건강에 치명적이라 생각해서였다. 그래서 아버지는 죽은 딸의 필체와 문체를 흉내 내어 남은 딸을 북돋우려는 마음으로 편지를 썼다.

  게일도 환자들이 나쁜 소식을 접하면 병세가 나빠질 수 있다는 이야기를 들었었기에 앤지에게 언니의 죽음을 끝까지 알리지 않았다. 하지만 소용없었다. "사람들이 들것에 시신을 싣고 영안실로 내려가는 걸 봤다. 단번에 알 수 있었다. 내 단짝 친구 앤지라는 걸." 게일이 여덟 살 때의 일이었다.

결핵에 얽힌 수많은 가슴 아픈 이야기 중에서도 아마도 나를 가장 오래 붙잡은 이야기는 죽은 딸의 필체를 흉내 내어 살아있는 딸에게 편지를 쓴 한 아버지의 이야기일 것이다. 이는 앤지가 진실에 짓눌리지 않기를 바라는 마음에서였으리라. 앤지의 아버지에게서 우리는 결핵으로 삶이 무너져 내린 사람들의 인간적인 모습을 본다. 하지만 그러한 인간적인 모습은 낙인찍기나 낭만화 속에서 너무 자주 지워지거나 축소된다. 그는 오직 두 딸을 위해 최선을 다했다. 그리고 한 아이를 떠나보낸 뒤에는 남은 아이를 위해 온 힘을 쏟으려 했다.

여기, 결핵에 걸린 채로 살아간다는 것의 사회적·심리적 측면을 잘 보여주는 대목이 있다. 환자들은 올바른 도덕적 태도와 신체적 위생이 자신을 구해줄 수 있다고 들었다. 질병은 늘 그랬듯 도덕적 문제로 제시되었다. 하이힐을 신지 않고, 도시에서 부자연스럽게 살지 않고, 술을 마시지 않으며, 네 살 때 엄마가 그리워 밤에 울지 않으면 환자가 살아남을 수 있다고 말이다. 그러나 게일 같은 환자들은 그것이 거짓임을 똑똑히 알고 있었다. 친구들이 죽어가는 것을 직접 보았기 때문이다. 이 괴리는 '긍정적인 태도를 유지하라'는 요구를 더욱 견디기 힘들게 했다. 그러나 '긍정 유지'는 결핵 치료에서 신성시된 전략이었다. 오늘날에도 암처럼 때로는 생존으로 이어지지만, 흔히 죽음으로 치닫는 질병 치료에서 여전히 신성시되고 있다.

앤지와 게일의 경험은 우리에게 요양소 생활의 또다른 측면을 일깨워준다. 바로 '관리'다. 환자the patient('인내하는 사람'이라는 의미)라는 단어는 많은 결핵 생존자가 수년에서 심지어 수십 년 동안 요양소에서 살아야 했다는 점을 고려했을 때 새로운 의미 층위를 가진다. 환자는 보살핌도 받아야 했지만 무엇보다도 통제의 대상이었다. 환자의 이동, 선택, 정보 접근은 철저히 제한되었다. 미국에서는 지금도 흔히 '결핵 관리TB control'라는 표현을 쓰지만, 암과 같은 질환에 대해서는 '암 돌봄cancer care'이라는 말을 자주 쓴다. 의사이자 인류학자인 폴 파머Paul Farmer가 말했듯 돌봄보다 관리를 우선시하는 역학은 많은 감염병에서 발견된다.•

이윽고 게일이 사춘기에 접어들면서 더 자주 집에 들를 수 있게 되었다. 1940년대 후반에 최초의 합성 결핵 치료제인 스트렙토마이신streptomycin을 투여받은 뒤에도 결핵이라는 병 자체와 결핵에 대한

• 감염병의 확산 방지는 물론 중요하지만, 돌봄의 요소를 희생하면서까지 관리에만 치중하면 오히려 역효과를 낳을 수 있다. 실제로 많은 결핵 생존자가 약을 받는 과정에서 겪은 비인간적인 경험을 들려주었다. 몇몇 생존자는 의료진이 결핵을 두려워한 나머지 환자를 방 한구석에 세워두고 건너편에서 약을 던져주었다고 말했다. 그러나 적절한 마스크 착용과 감염 통제만 이루어진다면, 의료진이 결핵 환자에게 직접 약을 건네는 데 큰 위험은 없다. 이렇게 기본적인 인간적 대우를 하는 것만으로도 결핵 환자가 치료 과정을 끝까지 이어가도록 돕는 데 큰 효과가 있다. 다시 말해 돌봄 중심의 치료가 관리 중심의 치료보다 질병을 훨씬 더 잘 관리한다.

두려움은 여전히 게일을 따라다녔다. 어린 시절을 요양소에서 보낸 또다른 환자는 이렇게 썼다. "결핵에 걸렸다는 사실은 너무나 크게 찍힌 낙인이어서 환자들은 편견과 적대감을 피하려고 병을 숨기려 애쓰곤 했다." 많은 환자는 친구나 가족에게 결핵이 아니라 소아마비로 입원했다고 말하라는 지시를 받았다. 물론 소아마비 역시 감염병이었지만, 결핵만큼 심한 낙인을 동반하지는 않았다.

게일은 완쾌했다. 결혼해 세 아이를 두었고, 작은 병원에서 작업치료과(일상생활 회복을 돕는 치료)를 이끌었다. 어린 시절 레이크빌 요양소에서 다른 어린이 환자들을 웃기려고 우스꽝스러운 표정을 지으며 처음 발견했던 본인의 열정도 이어 나갔다. 게일은 훗날 전문 어릿광대로 활동했다.

게일을 떠올리면 나는 헨리가 더욱 생각난다. 헨리 역시 수많은 외로운 밤을 견뎌야 했고, 친구들이 죽어가는 모습을 지켜보았으며, 다른 환자들을 웃게 하려고 우스꽝스러운 표정을 짓곤 했다. 헨리가 자유롭게 이동하고 무언가를 선택하는 것 또한 결핵 환자를 신뢰하지 않는 공중보건체계에 의해 통제되었다.

많은 환자가 실제로 요양소에서 회복하기도 했다. 충분한 휴식과 영양 공급이 영양실조와 스트레스에 시달리는 것보다는 몸에 더 이로웠기 때문이다. 그러나 회복률 자체는 요양소에 있던 환자와 집에 머문 환자 간에 큰 차이가 없었던 것으로 보인다. 하지만 수백만 명의 환자를 가정으로부터 분리해 낸 조치는 가족 내 전파를 줄이는 데 이바지했으며, 전반적인 영양 상태 개선과 더 안전한 주거 환경 제공과 맞물려 20세기 전반기에 전 세계 결핵 발생률을 낮추는 데 효과를 보았다. 미국을 비롯한 부유국에서는 그 감소 속도가 특히 가팔랐다. 1882년부터 1930년, 그러니까 내 외종조부 스톡스가 결핵으로 돌아가셨을 무렵까지 미국의 결핵 사망률은 약 80퍼센트나 떨어졌다.

그러나 이러한 개선 상황이 미국 사회 전체에 고르게 분포되지는 않았다. 아프리카계 및 중국계 미국인의 결핵 발생률 감소폭은 훨씬 작았고, 원주민 사이에서는 거의 감소하지 않았다. 누구에게나 결핵은 여전히 근본적인 불치병이었다.

12장

치료법

코흐가 결핵균을 발견된 이래 수십 년 동안 작은 개선들이 이어졌다. 진단법이 발전한 덕분에 더 이른 시기에 병을 찾아내고 치료할 수 있었고, 특히 흉부 X선이 진단 도구로 등장하면서 그러한 경향이 두드러졌다.

X선은 질병이 증상을 드러내기 전에 그 흔적을 포착할 수 있었다. 1930년대에 이르자 살아 있는 몸속을 '들여다볼' 수 있는 방법이 여러 가지 있었다. 청진기로 심장과 폐의 소리를 들을 수 있었으며, 수술은 여전히 위험했지만 소독제 덕분에 치명성은 낮아졌다. 그러나 X선은 달랐다. 몸을 절개하지 않고도 내부를 시각적으로 볼 수 있었기 때문이다. 이제 피부는 더이상 몸속을 불투명하게 가리는 장벽이 아니었다.

앨런 하트Alan Hart 박사는 결핵 진단에 흉부 X선을 활용하는 방법을 개척한 인물이었다. 그는 1918년 샌프란시스코에서 아내와 함께 살며 의사로 일하던 중, 한 동료에 의해 트랜스젠더 남성이라는 사실이 폭로되었다. 언론은 "여성 의사, 병원에서 남자로 위장하다"라는 헤드라인을 내세워 하트를 도시에서 몰아냈다(물론 그는 위장한 것이 아니었다). 이후 하트 박사는 각양각색의 트랜스포비아를 피해 평생을 여러 도시로 옮겨 다니며 살아야 했다. 소설가이기도 했던 하트는 작품 속 한 인물의 행적에 대해 이렇게 쓰기도 했다. "그는 소문을 피해 달아날 수 없다는 걸 알았다." 이는 자신의 경험이기도 했다. 하트는 미국 전역을 떠돌며 9년 동안 무려 일곱 번이나 이사했지만, 언제나 안전은 그리 오래 담보되지 않았다. 그럼에도 하트는 끝내 방사선학 석사 학위를 받는 데 성공했고, 흉부 X선을 통해 결핵의 초기 징후를 확인할 수 있음을 입증하는 데 이바지했다. 덕분에 환자들은 더 빨리 휴식을 취하고 적절히 영양을 공급받을 수 있었고, 결과적으로 치료 결과를 개선하는 데 도움이 되었다. 흉부 X선은 지금도 여전히 필수적인 진단 도구다. 오늘날에는 배낭에 넣어 들고 다닐 수 있는 이동식 흉부 X선 장비가 시골 지역을 찾아가고 있으며, 하트가 보급한 진단 방식은 지금도 사람들의 생명을 구하고 있다.•

• 하트는 이후 코네티컷으로 이주해 치료비를 감당하지 못하는 결핵 환자들을 위해 모금을 진행했고, 공중보건 공무원으로도 일했다. 하트의 아내는 하트퍼드 대학교 교수였다. 부부는 하트가 세상을 떠나기 전 마지막 15년을 코네티컷에서 함께 보냈다. 하트는 1962년에 일흔 살의 나이로 숨을 거뒀다.

그러나 진단 기술이 나아졌음에도 효과적인 치료법을 찾기는 여전히 쉽지 않았다. 한때 널리 쓰인 방법 중 하나는 의도적으로 폐를 허탈collapse시켜 '쉬게 하는' 것이었는데 그 효과에는 한계가 있었다.* 결국 결핵 치료의 주요 전략은 여전히 휴식, 여행, 충분한 영양 공급으로 수천 년 동안 권장되어 온 방법이었다.

예방 전략은 치료보다 훨씬 빠르게 발전했다. 사람에게 결핵을 옮기던 소는 오랫동안 주요 감염원 중 하나였다. 그러나 소 떼를 대상으로 한 투베르쿨린 검사와 우유의 저온살균이 널리 시행되면서 그 문제는 크게 줄어들었다. 그후 무엇보다 중요한 변화가 있었는데, 소 덕분에 백신이 개발되었다는 점이다. 바실루스 칼메트-게랑Bacillus Calmette-Guérin 백신, 바로 BCG는 백신을 만든 두 프랑스 연구자의 이름에서 따온 것이다. 이들의 발상은 간단했다. 예전에 우두cowpox 바이러스에 노출된 사람들은 두창에 걸리지 않았듯이, 사람에게 독성을 약화한 소 결핵균을 노출하면 결핵을 예방할 수 있지 않을까 하는 것이었다. 실험 과정에서 연구자들은 굉장히 독성이 약한 소 결핵균의 한 균주를 발견하여 감자와 소의 담즙을 섞은 배지에서 길러냈다. 이 균주가 바로 BCG 백신의 기초가 되었고, 1921년에 마침내 사람들에게 처음 접종되었다.

• 어떤 의미에서는 실제로 도움이 되었다. 결핵균은 강한 호기성 세균이어서 산소를 좋아한다. 그런데 폐를 허탈시키면 해당 부위에 산소가 차단되어 그곳의 결핵균이 살아남기 어려워진다. 또한 폐허탈 요법은 대량 출혈로 인한 결핵성 사망을 일부 방지했을 가능성도 있다. 폐가 주저앉으면 혈관이 덜 터지기 때문이다.

한 세기가 지난 지금도 BCG는 결핵의 유일한 백신이다. 2024년에 이르러서야 비로소 유망한 후보 백신들이 개발 단계에 들어갔다. BCG의 효과는 공중보건 분야 전체에서 굉장히 자주 논의되는 쟁점 가운데 하나이지만, 확실히 합의된 사실은 다음과 같다.

1. BCG는 만 5세 미만 어린이의 중증 결핵 예방에 특히 효과적이다.
2. 그러나 청소년이나 성인에게서는 감염이나 중증 질환 또는 사망을 예방하는 효과가 뚜렷하지 않다. 심지어 효과가 아예 없을 수도 있다. 백신을 여러 차례 접종한다 해도 대부분의 성인과 청소년에게는 예방 효과가 거의 또는 전혀 나타나지 않는 것으로 보인다.
3. 아직 정확한 이유는 밝혀지지 않았지만 적도에 가까운 지역일수록 백신 효과가 더 낮아지는 경향을 보인다.

현재 결핵이 흔한 국가들에서는 BCG 백신을 대부분 영아기 때 접종받는다. 시에라리온만 보더라도 거의 모든 아이가 BCG 백신을 맞는다. BCG 백신은 아동 사망을 현저히 줄여주는 중요한 예방 수단이다. 그러나 이 백신 하나만으로는 지금은 물론 앞으로도 결핵을 퇴치할 수 없음은 자명하다.

1941년에 나온 폐결핵 역사서는 "치유의 엘도라도는 아직도 멀리 있는 듯하다"라고 기록했다. 하지만 결핵 치료법의 등장은 불과 몇 년 앞으로 다가와 있었다. 우리가 미래를 한 치 앞도 예측하기 어렵다는 사실을 일깨워주는 대목이다.

인간은 주로 가장 관심이 많이 가는 문제부터 풀어내려는 경향이 있다. 1941년 당시 사람들의 시선은 결핵에 집중되어 있었다. 결핵은 전 세계적인 감염병 가운데 사망과 장애를 일으키는 가장 큰 감염병이었다. 수백만 명이 요양소에서 생활하고 있었으며, 1940년대에도 결핵 감염과 발병은 여전히 흔했다. 20세기 결핵 환자이자 생존자들 중에는 10대 시절 결핵으로 요양소에 입원했던 비틀즈의 링고 스타, 치료법이 막 등장하던 1950년에 결핵으로 세상을 떠난 소설가 조지 오웰, 1938년 결핵성 뇌막염으로 사망한 작가 토머스 울프, 25년 넘게 결핵을 앓으며 살았던 배우 비비안 리가 있다.

1941년경까지도 결핵 환자의 회복 가능성은 약 4분의 1 정도에 불과했다. 운이 좋았던 일부 환자들은 면역 체계가 몸과 질병 사이의 균형을 회복하는 방법을 찾아내 결핵균을 결절 안에 가두어 삶을 이어갈 수 있었다. 소수의 환자는 완전히 회복하지 못한 채 병약한 상태로 살아가야 했다. 이들은 만성질환과 수십 년에 걸친 싸움 끝에 결국 다른 원인으로 사망하곤 했는데, 그 과정에서 결핵이 악화 요인으로 작용하기도 했다. 그러나 활동성 결핵 환자의 절반 이상은 아무리 맑은 공기를 마시고 움직이지 않은 채 가만히 누워 있어도 결국 목숨을 잃었다.

그러다 결핵은 어느 순간 '치료 가능한 질병'이 되더니 이내 '완치

가능한 질병'이 되었다. 얼핏 보면 1940~1950년대에 여러 효과적인 항결핵제가 잇따라 개발된 것이 역사의 우연처럼 보일 수도 있다. 그러나 실제로는 이 모든 약물이 수십 년간 결핵균에 관한 오랜 연구와 결핵균을 어떻게 죽일 수 있는지 밝히려는 수많은 시도의 산물이었다. 19세기 후반에서 20세기 초에 이르기까지 연구자들은 항균성 곰팡이와 화합물을 점점 더 면밀하게 탐구해 나갔다. 스웨덴의 의사 요르겐 레만Jörgen Lehmann은 결핵균을 아스피린에 노출하면 결핵균이 더 많은 산소를 흡수한다는 한 논문에 흥미를 느꼈다. 그는 다른 산 성분이 대사 속도를 늦춰 결핵균의 성장을 억제할 수 있다는 가설을 세웠다. 이 가설은 사실로 드러났다. PAS로 흔히 알려진 파라아미노살리실산para-aminosalicylic acid은 결핵균의 성장을 억제하는 데 가장 효과적인 물질로 입증되었다.

한편 럿거스 대학교의 대학원생이었던 앨버트 샤츠Albert Schatz와 엘리자베스 부지Elizabeth Bugie는 스트렙토마이신이라 불리는 항생제를 분리해 1944년 초에 연구 결과를 발표했다. 그리고 이듬해부터 중증 감염이던 미군 병사들에게 스트렙토마이신을 투여하기 시작했다. 첫 번째 환자는 사망했고 두 번째 환자는 살아남았으나 스트렙토마이신에서 간혹 나타나는 부작용으로 실명했다. 세 번째 환자는 중태에 빠진 젊은 육군 장교 밥 돌Bob Dole이었다. 그는 완치된 다음 미국 상원의원이자 공화당의 대통령 후보가 되었고, 나중에는 비아그라 홍보대사로도 유명해졌다.

매사추세츠 주의 게일 퍼킨스는 1940년대 후반인 열여섯 살쯤에 첫 스트렙토마이신 치료를 받으면서 세 살 때부터 지내던 요양원을 마침내 영원히 떠날 수 있었다. 새로운 약이 등장한 곳마다 결핵 사망률은 급격히 줄어들었다. 영국에서는 스트렙토마이신의 첫 도입 이후 10년간 결핵 사망률이 90퍼센트 감소했다.

스트렙토마이신의 효과를 강화하는 약물을 찾던 중, 기존에 있던 약물인 이소니아지드가 결핵에 효과적인 것이 밝혀졌다. 이어 1952년에는 또다른 기존 약물인 피라진아미드가 결핵균을 사멸한다는 사실이 확인되었다.

곧 의사들은 이런 약물들을 조합해 결핵을 치료하는 실험을 시작했고, 1950년대 중반에는 세 가지 약물을 모두 포함한 병용 요법이 시험을 거쳐 승인되었다. 이로써 많은 결핵 환자에게 결핵은 완치 가능한 질병이 되었다. 이 약물들이 결핵 치료에 끼친 변화는 실로 엄청났다. 심지어 오늘날에도 이소니아지드와 피라진아미드는 1차 치료의 표준 치료법인 RIPE 요법에 포함되어 있다.

1950년대 후반이 되자 결핵은 대체로 완치 가능한 질병이 되었다. 불과 10년 전만 해도 환자들로 넘쳐나던 미국과 유럽의 요양소들은 점차 텅 비어갔다. 1961년에 에탐부톨, 1966년에 리팜핀이라는 두 항생제가 추가로 발견되면서 RIPE 요법이 완성되었다. 사람들은 결핵이 곧 퇴치 직전에 이르렀다고 선언하기 시작했다. 루이 파스퇴르가 "과학이 적들 앞에서 언제까지나 무력하기만 하지는 않을 것"이라고 남긴 격려의 말은 현실이 되었고, 이제 결핵이 공중보건의 위협이 아니게 될 날이 머지않아 보였다.

그러나 의사이자 연구자인 아니크 루이용Annik Rouillon은 1991년에 이렇게 썼다. "인류의 오랜 결핵 역사 속에서 희망 뒤에는 절망이 따르고, 승리와 비극은 번갈아 찾아온다." 여기서 다시금 우리는 인간의 편견이 얼마나 큰 대가를 치르게 되는지를 본다. 그리고 그 여파를 가장 가난하고 소외된 사람들이 고스란히 짊어진다는 현실도 마주하게 된다. 결핵이 완치 가능한 병이 되었음에도 정작 그 치료는 가장 절실히 필요한 곳에 도달하지 못했다. 1980년경 무렵 RIPE 치료법은 미국과 서유럽에서는 이미 수십 년째 사용되어 온 표준적 방법으로 자리잡았다. 환자를 발견하고 예방하려는 노력이 진전되면서 부유국들의 결핵 발생률은 극적으로 낮아졌다. 그리하여 결핵은 마땅히 그래야만 했던 것처럼 '역사 속으로 사라진 병'으로 느껴졌다.

그러나 수십 곳의 국가에서는 환자들에게 치료가 아예 제공되지 않거나 간헐적으로만 닿았다. 인도에서 볼리비아, 캄보디아, 에티오피아에 이르기까지 저·중소득국은 여전히 항생제 시대 이전의 미국보다 더 높은 결핵 사망률을 기록하고 있다. 예컨대 1990년의 에티오피아에서의 결핵 사망률은 1882년에 로베르트 코흐가 결핵균이라는 독살스러운 작은 미물을 발견한 시기의 미국의 사망률과 비슷했다. 마치 치료제가 존재하지 않는 것 같았다. 결핵은 치료제가 없는 곳에 있었고, 치료제는 결핵이 없는 곳에 있었기 때문이다.

이렇게 실패한 원인은 주로 부유한 공동체가 결핵을 인종주의와 식민주의의 틀에 가두어 이해했기 때문이었다. 가난한 공동체에 RIPE 치료법을 제공하는 일은 불가능하거나 바람직하지 않다고 어림짐작하곤 했다. 왜냐하면 항생제 시대 초기에 S. 라일 커민스 S. Lyle Cummins가 표현했듯 "아프리카 원주민은 사고방식과 태도가 지나치게 어린애 같아서" 약을 처방된 대로 복용하거나 분배하지 않을 것이라는 인식이 지배적이었기 때문이다.

13장
완치법이 없는 곳

결핵의 세계에는 수많은 약어가 존재한다. 세계 보건 역시 다른 분야들처럼 전문가에게는 익숙하지만, 초심자에게는 난해한 약어를 즐겨 만든다. BPaLM(베다퀼린Bedaquiline, 프레토마니드Pretomanid, 리네졸리드Linezolid, 목시플록사신Moxifloxacin을 추가한 다제내성 결핵 단기 치료법)부터 PMDTProgrammatic Management of Drug-resistant Tuberculosis(약제내성 결핵 관리 프로그램), GDFGlobal Drug Facility(글로벌의약품공급기구)에서 ERPExpert Review Panel(전문가 검토 패널)에 이르기까지 알파벳 몇 개를 이어 붙이기만 하면 어떤 의미가 생긴다. 그러나 어떤 약어도 DOTSDirectly Observed Therapy (Short-course)(단기 직접복약 확인요법)만큼 결핵계에 깊은 흔적을 남기지는 못했다. DOTS는 1970년대에 처음 고안된 방식으로, 가난한 공동체에 항결핵제를 안정적으로 전달하기 위한 체계였다.

토마스 만이 고전 결핵 소설《마의 산》을 발표한 지 채 50년도 지나지 않아 유럽에서 결핵과 결핵 환자들을 수용하던 요양소는 과거의 기억이 되어버렸다.《마의 산》의 무대인 스위스의 경우 1970년경 결핵으로 사망한 사람은 인구 10만 명당 10명도 되지 않았다. 그러나 식민 지배로부터 막 독립한 신생국(베트남, 시에라리온, 벨리즈)에서는 여전히 결핵 발병률이 매우 높았다. 그 이유로는 결핵이 잠복 상태에서 활동성 결핵으로 발병하기 쉽게끔 하는 빈곤과 영양실조가 있었고, 유럽과 미국 등 선진국에서는 이미 통용되는 치료법이 가난한 결핵 환자에게는 거의 제공되지 않았기 때문이다.

조이아 무케르지Joia Mukherjee 박사는 저서《세계 보건의료 개론An Introduction to Global Healthcare Delivery》에서 탈식민화 이후 독립한 국가들이 세계은행World Bank으로부터 차관을 받을 때 세계은행의 정책이 해당 국가들의 보건의료체계를 어떻게 근본적으로 형성했는지를 설명한다. 세계은행이 정부 지출 규모와 지출 방식을 엄격히 제한한 결과, 보건체계와 교육체계는 비극적일 만큼 재정 부족에 시달렸다. 무케르지는 이렇게 지적한다. "1980년대 후반까지 아프리카와 아시아의 많은 국가에서 보건 예산은 1인당 연간 5달러에도 미치지 못했다."

DOTS 도입 이전에는 저·중소득국에서 결핵 치료 접근성을 확대하려는 노력이 산발적이며 일관성이 없었다. 약품은 자주 동나곤 했는데, 결핵은 특히 더 위험했다. 결핵 치료가 중단되면 약제내성 결핵으로 이어질 수 있는데 약제내성 결핵은 훨씬 더 치료가 어렵기 때문이다. 그러나 본인이 결핵 생존자이기도 한 의사 카렐 스티블로Karel Styblo는 1970년대부터 탄자니아를 중심으로 결핵 환자에게 체계적인 치료를 제공하기 위한 전략을 실행하기 시작했다. 그 지침은 다음과 같았다.

1. 결핵은 도말현미경검사로 진단한다. 이 방법은 1882년 로베르트 코흐가 처음 결핵균을 확인했던 방식과 거의 동일하다. 환자의 객담 표본을 현미경으로 관찰해 결핵균을 직접 찾아내는 것이다. 그러나 도말현미경검사는 전체 환자의 약 50퍼센트를 놓치며, 특히 아동 환자는 더 잘 놓치는 경향이 있다(실제로 헨리도 처음 검사를 받았을 때 도말 음성이었다). 하지만 이 방법은 흉부 X선 검사보다 훨씬 저렴하다. 스티블로의 전략은 도말현미경검사만을 사용해 진단함으로써 보건체계가 전염력이 가장 높고 중증인 환자들, 즉 현미경검사에서 양성이 나올 가능성이 더 높은 환자들에게 집중하도록 한 것이었다.
2. 치료는 철저히 표준화한다. 모든 환자는 6개월에서 9개월 동안 RIPE 요법(또는 그와 유사한 요법)을 받도록 규정되었다.
3. 환자는 매일 가족이 아닌 제3자의 직접 관찰하에 약을 복용해야 한다. 대부분의 경우 환자는 매일 보건소나 진료소에 들러 약을

받고, 약을 삼키는 모습을 제3자에게 직접 보여줘야 한다. 이렇게 해서 복약 순응도를 유지하도록 관리했다.
4. 보고 체계를 표준화해 치료 성과를 정확히 집계하고, 약품을 지속적으로 공급해 품귀 현상을 방지한다.

이 전략은 이후 DOTS라는 이름으로 알려지게 되었으며, 열악한 보건체계 속에서 발생하는 여러 문제를 해결하는 데 목적을 두었다. 진단과 치료 과정을 모두 표준화하고 저비용으로도 효과적으로 운영하도록 하여 공급망과 진단상의 어려움을 해소하리라 기대했다. 또한 직접 관찰을 통해 결핵 환자가 실제로 약을 삼키도록 하여 약제내성의 추가 발생을 최소화하거나 예방하려는 것이었다.

흔히 항생제 내성의 가장 큰 원인 가운데 하나가 환자가 '약을 제대로 복용하지 않는 것'이라고들 한다. 이른바 환자의 비순응patient noncompliance은 실제로 결핵의 항생제 내성을 유발하는 핵심 요인이다(예컨대 헨리가 어린 시절 겪었던 최초의 약제내성도 아버지가 치료 중단을 주장한 데서 비롯되었을 가능성이 크다). 여러 가지 이유로 많은 환자가 장기간의 항생제 치료 과정을 끝까지 이행하지 못한다. 그 결과 결핵균은 치료에 대한 내성을 발달시킬 여지가 더 커지고 만다. 에티오피아인 의사 지룸 B. 테페라Girum B. Tefera가 내게 이렇게 설명한 적이 있다. "요인은 너무나 많습니다. 진단이나 치료를 받을 수 없다는 문제, 그 자체도 요인이 되지요. 환자가 오로지 진단과 치료를 받기 위해 몇 마일을 이동해야 한다면 비용이 아주 많이 듭니다. 숙소를 구해야 하고, 교통비도 마련해야 하니까요. 이런 것들이 환자가 의사를 만나는 것을 가로막습니다. 또다른 요인은 결핵 관련 자원이 불안정하며 공급 중단이 잦다는 점인데요. 여기에는 결핵약도 포함됩니다. 결국 이러한 것들이 환자가 치료를 끝까지 하지 못하게 방해하죠."

물론 이는 결핵만의 문제가 아니다. 훨씬 더 짧은 항생제 치료 과정에서도 치료를 끝까지 마치지 않는 경우는 흔하다. 미국에서는 처방된 항생제의 4분의 1 이상이 완전히 복용되지 않는다. 나는 결핵 환자 중에서도 수없이 다양한 이유로 약 복용을 중단하거나 잠시 멈춘 사람들을 만나왔다. 한 젊은 여성은 열아홉 살에 결핵 진단을 받았는데, 남자 친구를 따라 이웃 지역으로 이사 가면서 치료를 그만뒀다. 또다른 환자는 약을 복용하면 심한 부작용이 나타났다고 내게 말해줬다. 음식을 함께 먹지 않으면 그 증상이 더 심해졌지만, 음식을 살 돈이 없었다. 의사는 설탕을 조금 탄 물과 약을 함께 먹어보라고 권했는데 약을 먹은 뒤에도 위가 너무 아파 도저히 치료를 계속할 수 없었다고 했다. 그밖에도 어떤 환자들은 약물 사용 중독 때문에 진료소에 매일 가기 힘들었고, 교통비를 감당하기 버거워했다. 또 더이상 부작용을 감내하고 싶지 않은 나머지 증상이 조금 나아졌다고 느껴지자 곧 약을 끊어버리는 경우도 있었다.

라카에서 약 복용에 어려움을 겪는 한 청년을 만난 적이 있다. 스무 살 남짓한 청년은 낡은 티셔츠와 청 반바지를 입고 샌들을 신고 있었다. 또 심한 우울증을 앓고 있었는데 목소리는 거의 속삭임에 가까웠다. 결핵 진단을 받으면서 많은 친구와 연인을 잃었다고 했다. 자신은 더이상 이전에 살았던 세상으로 돌아갈 수 없을 것 같다고 내게 말했다. 통역된 표현을 빌리자면, 이제 그는 "치욕스러운 존재"가 되어버렸다.

얼룩진 마스크가 남자의 코 아래에 축 늘어진 채 걸려 있었고, 커다란 눈은 얼굴 속으로 깊이 꺼져 들어가 있었다. 그는 내 질문에 단답형으로만 대답했다. "아직도 친구들을 만납니까?" "아뇨." "정말 견디기 힘들겠네요." "네."

결핵을 치료하려면 몇 달 동안 매일 약을 먹어야 했다. 그러나 약을 먹으면 구토 증세를 비롯해 시야가 흐려지고 황달이 생겼다. 몸 상태가 좋아진 뒤에도 몇 달 동안 약을 계속 먹어야 했는데, 약을 삼키는 순간마다 마치 죄수처럼 누군가에게 보여주어야 했다. 물론 환자의 비순응은 결핵만의 문제가 아니다. 나 역시 약을 먹는 데 어려움을 겪을 때가 자주 있다. 강박장애와 우울증을 치료하기 위해 매일 알약 두 개를 삼키는데, 지난 10년 동안 몇 번이나 복용을 중단한 적이 있다. 그렇게 하면 내 생명이 위태로워진다는 걸 머리로는 잘 알면서도 말이다. 그래서 그 젊은이와 이야기하던 중 나는 가방에서 약병을 꺼내 보여주며 왜 이렇게 약을 먹는 게 힘든지 나 자신도 이해할 수 없다고 설명했다. 사실 나는 조건이 훨씬 수월하다. 내겐 DOTS 같은 절차가 없다. 입원할 필요도, 진료소까지 걸어가 약을 받을 필요도 없다. 그저 동네 약국에 한 달에 한 번 들러 약을 찾아오면 된다. 그런데도 여전히 약을 꾸준히 먹기 너무 어렵다고 남자에게 털어놓았다. "왜요?" 그는 그렇게 질문하며 조금 마음을 여는 듯했다. 혹시 부작용을 싫어하는 건 아니냐고 내게 물었다. 부작용을 좋아하지 않는 것도 사실이다. 아마도 낙인 때문일지도 모른다고 말했다. 약에 의존하고 있다는 느낌, 내가 원래 마땅히 그래야 할 만큼 자립적이지 못하다는 감각이 들기 때문이다. 그는 약을 복용할 때 가족과 미래를 생각하라며 나를 격려했다. 나를 포함해서 어떤 사람들에게는 약 복용이 참 쉽지 않다. 왜 그런지는 나도 정확히 잘 모르겠다. 하지만 나 역시 약을 끝까지 다 먹지 못한 적이 얼마나 많았는지 알고 있기에 항생제를 끝까지 복용하지 못하는 사람들을 탓할 수 없다.

파트너스 인 헬스의 공동 설립자인 폴 파머 박사는 자신의 기념비적 논문 〈사회과학자와 새로운 결핵Social Scientists and the New Tuberculosis〉에서 어느 '비순응' 환자의 이야기를 소개했다. 주인공은 1990년대 초 결핵에 걸린 열아홉 살 아이티 청년 로버트Robert였다. 결핵 진단을 받은 로버트는 치료를 시작했다. 하지만 그가 입원한 병원에는 DOTS가 권고하는 네 가지 약 가운데 단 두 가지만 있었다(이는 DOTS의 한계이자 지금도 일부 지역에서 여전히 문제로 남아있다. '모든 관련 약이 끊임없이 공급돼야 한다'는 원칙 자체는 세우기 쉽지만, 아이티와 같은 저소득국에서 실제로 지키기는 어렵기 때문이다). 게다가 로버트는 하루치 이상 약을 받을 수 없었기 때문에 매일 두 시간씩 버스를 타고 병원에 가야 했고, 결국 일을 그만두어야 했다.

몇 달이 지나자 로버트는 약을 조금 더 구할 수 있는 병원을 찾아 매일 걸어서 다니기 시작했다. 거기에는 네 가지 약제 중 세 가지가 있었다. 그러나 약값은 너무 비쌌다. 결국 로버트의 가족은 땅 절반 이상을 팔아야 했다. 하지만 그 약들로는 충분치 않았고, 결국 증상이 처음 나타난 지 4년 만에 아이티의 수도 포르토프랭스의 한 입원 시설에 들어가게 되었다. 그곳에서 6개월 동안 로버트는 네 가지 약제를 병합한 RIPE 요법을 받았다. 그러나 이미 결핵균이 돌연변이를 일으켜 표준 치료법에 내성을 갖게 된 상태였다. 2차 항결핵제만 있었더라도 로버트는 아마 치료될 수 있었을 테지만 그 병원에는 해당 약들이 없었다. 결국 그는 필요한 약이 제대로 갖춰진 아이티 중부의 진료소를 찾았다. 하지만 이미 몸이 너무 쇠약해진 상태였다. 로버트는 그럼에도 할 수 있는 모든 일을 다 했다. 그렇게 막대한 비용과 불편을 감수하며 가능한 한 최선의 치료를 받기 위해 찾아 헤맸으나 로버트는 극심한 고통 끝에 1995년 12월, 스물여덟의 나이로 숨을 거뒀다.

역사학자 크리스천 맥밀런Christian McMillen은 그래서 이렇게 썼다. "순응이든 이행adherence이든, 어떤 용어를 쓰더라도 지나치게 국한되어 있다는 점에서는 동일하다. 국가 결핵 프로그램이 치료 중인 환자들을 제대로 추적하지 못하는 일이 환자의 순응이나 이행과 본질적으로 무슨 관련이 있다는 말인가? 어떤 프로그램이 환자의 상당수를 놓쳐버렸다면 그건 환자의 순응 문제인가, 아니면 감시의 문제인가? 복용 후 찾아오는 배고픔을 달랠 음식조차 살 돈이 없다면 그 책임을 환자에게 돌릴 수 있는가?"

좀더 넓게 보자면 환자가 우울증과 고립감에 짓눌려 치료를 이어갈 수 없는 것이 과연 환자의 잘못일까? 환자 자신이나 자녀가 너무 굶주린 나머지 음식을 사기 위해 가진 약을 팔 수밖에 없는 상황에 놓이는 것이 환자의 잘못일까? 열악한 주거 환경, 동반 질환, 약물 사용 장애, 관리되지 않은 부작용, 사회적 낙인 탓에 치료를 중단하게 되는 게 환자의 잘못일까?

왜 우리는 명백히 시스템상의 문제를 개인의 도덕적 실패로 취급해야 하는가? 많은 환자가 약을 받을 때의 경험을 굴욕적으로 묘사한다. 약을 건네받으면서 불결하다거나 가난하다거나 다른 면에서 열등해서 자신에게 이런 일이 일어났다는 말을 듣는다고 한다.● 이런 환경에 환자들이 다시 찾아오고 싶어 할 리 없다. 그럼에도 우리는 어째서인지 늘 환자에게 '비순응'의 책임을 돌리고, 정작 순응을 어렵게 만드는 사회 질서의 구조에는 책임을 묻지 않는다.

● 앤드루 맥다월(Andrew McDowell)의 저서 《숨 막히는(Breathless)》에 나온 한 대목이 특히 기억에 남는다. 어느 환자가 X선 촬영을 위해 셔츠를 벗으라는 지시에 따라 옷을 벗으며 기침을 하자 X선 기사가 소리쳤다. "여기서 기침 좀 하지 마세요. 아침부터 저렇게들 내 앞에서 기침을 퍼붓다니." 기사가 환자를 한 인간으로 보지 않고 다른 모든 결핵 생존자와 한데 묶어 버리는 것은 물론 이해할 만한 측면이 있다. 기사는 결핵에 걸릴 위험을 감수하고 싶지 않았던 것이다. 그러나 환자 역시 기침하고 싶지 않았고, 병을 앓고 싶지 않았으며, 병을 앓는다는 이유만으로 꾸지람을 듣고 싶지 않았다.

'순응'이라는 용어 자체가 결국 이 모든 것이 무엇을 의미하는지 드러낸다. 즉 20세기의 요양소가 결핵 환자들을 다루던 방식과 똑같은 형태의 통제를 21세기의 의료체계가 결핵 환자들에게 행사하고 있다는 사실이다.

나는 DOTS가 수많은 생명을 살려왔음을 분명히 해두고 싶다. 유엔 추산으로는 1995년 이후 6백만 명 이상의 생명을 DOTS 치료를 통해서 살려냈다. DOTS는 저렴하고 효과적이다. 다만 도말현미경검사에서 양성이 나온 운 좋은 집단에 속하고, 약제내성 결핵이 아니며, 치료를 끝까지 마칠 수 있는 때에만 그렇다. DOTS는 이전보다 분명히 개선된 방식이기도 하다. 이전에는 빈국에서 결핵을 다룰 포괄적 글로벌 전략 자체가 없었기 때문이다.

그러나 무작위 대조 시험에서 밝혀진 바로는 환자들이 충분히 지원을 받기만 한다면 직접 복용을 관찰하는 치료라고 한들, 환자에게 약을 건네주고 2주 또는 한 달 단위로 집에서 복용하게 하는 방식보다 그다지 더 효과적이지는 않았다. 또 DOTS는 늘어나는 약제내성 결핵 위기를 해결하지 못했고, 도말현미경검사가 흉부 X선보다 훨씬 병을 발견할 확률이 떨어지기 때문에 많은 결핵 사례를 놓쳤다. 그럼에도 2025년 현재 세계 많은 지역에서는 여전히 DOTS가 표준 치료관행으로 남아있다.

많은 결핵 환자가 매일 진료소까지 이동하는 일이 몹시 힘들거나 아예 불가능한 상황이다. 특히 몸 상태가 매우 나쁠 때는 더욱 그렇다. 그런데도 항생제 내성의 두려움과 환자들에 대한 불신 탓에 세계 보건 당국자들은 오랫동안 DOTS를 필수적인 치료 방식이라 여겨 왔다. 나는 결핵 전문가 제니퍼 퓨린 박사에게 환자들에게 매일 약을 삼키는 모습을 직접 보여주도록 강제하는 방식에 관해 물었다. 그녀는 이렇게 대답했다. "환자를 이렇게까지 철저히 불신하는 것을 전제로 하는 치료는 의학의 다른 어떤 분야에서도 본 적이 없어요." 결국 DOTS는 결핵 치료의 획기적 확대를 이끌었음에도 환자들에 대한 오랜 불신과 낙인의 패턴을 되풀이했다. 게다가 이 방식은 단 하나의 해법만을 제시했다. 결핵 연구자 캐럴 미트닉Carole Mitnick 박사의 설명처럼 "획일적인 해법이 으레 그렇듯 DOTS는 많은 환자를 놓치게 마련"이었다. 그런데 그 놓친 환자 가운데 한 명이 바로 헨리였다.

헨리는 흥미로운 연구 사례다. 다섯 살에 처음 결핵에 걸렸을 때 받은 치료가 바로 DOTS였기 때문이다. 그 시절 시에라리온과 대부분의 저소득국에는 결핵을 위한 치료법이 달리 없었다. 헨리의 치료는 이른바 '환자의 비순응' 탓에 실패했을 수도 있다. 아버지가 치료를 너무 일찍 중단시켰기 때문이다. 그렇다면 우리는 헨리를 어떻게 바라볼 것인가? 아름다운 글과 시를 써 내려가며 동료 결핵 생존자들뿐 아니라 자신을 돌보던 사람들까지도 격려했던 한 인간으로 볼 것인가? 인류라는 하나의 연대기에 깊이 엮여 있는 소중한 인간으로 볼 것인가? 아니면 비순응적인 다섯 살 아이로만 볼 것인가?

  보건의료를 체계화해 모든 사람을 똑같이 대하는 데에는 분명 이점이 있다. 하지만 대가도 따른다.

14장

마르코, 폴로

결핵 환자 가운데 90퍼센트 이상은 약제감수성 결핵(1차 표준 약제에 반응하는 결핵으로, 약제내성의 반대 개념)을 앓는다. 이는 곧 RIPE 요법이 DOTS 방식으로든 다른 전략으로든 대체로 치료 효과를 낼 수 있다는 뜻이다. 하지만 매년 약 50만 명이 약제내성 결핵에 걸린다. 이 경우 1차 항결핵제 가운데 한 가지 또는 여러 가지 약에 반응하지 않는다. 이런 사례는 'DR-TB' 또는 'MDR-TB', 'XDR-TB'● 등 놀라울 정도로 다양한 약어가 쓰인다. 치료가 더 어렵고 비용도 많이 들지만, 그래도 대체로 완치할 수 있다.

1940~1950년대에 결핵 치료제가 등장하자마자 곧바로 새로운

● 각각 약제내성 결핵(Drug-Resistant TB), 다제내성 결핵(Multidrug-Resistant TB), 광범위 약제내성 결핵(eXtensively Drug-Resistant TB)(다제내성 결핵에 더해, 퀴놀론계와 주요 2차 약제 중 일부에도 내성을 보이는 결핵)을 뜻한다.

두려움이 피어났다. 다름 아닌 치료 효과가 일시적일지도 모른다는 것이었다. 세균학자 메리 바버Mary Barber는 1947년에 황색포도상구균이 페니실린 내성을 선택하게끔 진화함을 보여주었고, 이듬해에는 이렇게 썼다. "현재 광범위하고도 무분별하게 사용되는 페니실린, 특히 예방 목적으로 쓰이는 경우는 페니실린의 미래를 심각하게 위협하고 있다." 실제로 바버가 이 글을 썼을 때 이미 황색포도상구균 감염의 약 40퍼센트가 페니실린에 내성이 있었다. 오늘날에는 98퍼센트를 넘어섰다.

결핵으로 죽음에 이르기까지는 오랜 시간이 걸린다. 결핵균이 비정상적으로 왁스처럼 두꺼운 세포 피막을 가지고 있기 때문이다. 따라서 결핵균은 오랫동안 항생제에 노출되며 항생제 내성을 발달시킬 기회를 얻을 수 있다. 그러나 매우 느린 증식속도가 약점이 되기도 한다.

1차 항결핵제 RIPE 요법에 쓰이는 네 가지 약물은 모두 1946년부터 1966년 사이에 도입되었다. 반세기가 지난 지금도 여전히 대부분의 결핵은 이 요법으로 치료할 수 있다. 따라서 결핵의 항생제 내성이 우리를 순식간에 압도한 것은 아니다. 예컨대 황색포도상구균은 결핵균보다 최대 90배 빠르게 증식한다. 그 결과 황색포도상구균은 하루에도 수백만 번씩 약제내성을 향해 진화할 기회를 얻는다. 반면 결핵균은 그 기회가 훨씬 적다. 하지만 시간이 충분히 주어지기만 하면 결국 내성이 나타나고 만다.

항생제 내성은 팔이 복잡하게 수없이 뻗어 있는 괴물과도 같다.

과잉 처방에서부터 가축 사육에 쓰이는 항생제까지 그 원인은 무수히 많다. 그러나 특히 다제내성 결핵의 확산을 생각해 보면, 이런 곤경에 빠진 가장 근본적인 이유가 다름 아닌 새로운 결핵 치료제 개발을 중단해서임을 지적할 필요가 있다. 즉 진짜 핵심은 결핵균이 내성을 특별히 잘 획득한다는 점에 있는 것이 아니라, 1966년부터 2012년까지 46년 동안 결핵을 치료할 신약을 단 하나도 개발하지 못했다는 점이다. 이것은 인류 역사에서 가장 기묘한 선택 가운데 하나처럼 느껴진다. 결코 만족을 모르는 인간이라는 종이 어찌된 일인지 항결핵제는 대여섯 가지면 충분하다고 결정해 버린 것이다.

왜일까? 세균 감염을 치료할 새로운 계열의 약물을 찾기는 절대 쉽지 않다. 하지만 그저 불가능한 일은 아니라는 것도 우리는 안다. 실제로 지난 수십 년 동안 경제적 유인이 달라지면서 결핵을 치료할 강력한 신약을 개발할 수 있었다. 베다퀼린과 델라마니드 delamanid가 그 대표적 사례다. 하지만 이윤 동기는 크지 않다.* 세균성 질환에 맞설 새로운 계열의 약물에 충분히 투자하지 않은 것이 항생제 내성이 점점 커지는 가장 근본적인 원인이다.** 환자나 의료

---

* 사실 우리가 해내는 꽤 많은 일에 이윤은 거의 동기가 되지 않는다. 이를테면 우주여행이나 위키피디아 편집 같은 것 말이다.

** 나 자신이야말로 새로운 계열의 항생제가 개발된 덕분에 목숨을 구한 살아 있는 증거다. 2007년 3월, 왼쪽 눈이 부어오르기 시작했다. 결국 안와 봉와직염 진단을 받았는데, 눈과 뇌 사이 조직에 생기는 감염이었다. 안와 봉와직염은 꽤 심각한 병으로 환자가 시력을 잃기 십상이고, 감염이 뇌로 넘어가면 대개는 치명적이다. 내 경우 감염을 일으킨 세균은 항생제내성 황색

진, 제약회사를 탓하기는 쉽다. 그러나 따지고 보면 인류 전체가 함께 내린 선택이다. 새로운 질병 치료제를 위해 우리의 공동 자원을 더이상 쓰지 않기로 한 것을 우리 경제 체제 탓으로 돌릴 수도 있겠다. 최신 항생제는 자주 처방되지 않기 때문에 이를테면 수억 명이 복용하는 혈압약을 개발하는 것보다 돈이 되지 않는다. 그래서 새로운 항생제가 출시되면 대개는 아주 비싼 가격이 매겨진다.●

하지만 인간의 건강을 결정하는 요인이 꼭 시장 하나만은 아니다. 우리는 공공자금과 자선기금을 더 많이 투입해 약물과 백신, 치료 보급 체계를 연구하고 개발할 수 있다. 또한 세계 곳곳의 고통에 더 잘 부합하도록 세계 보건 자원의 배분 방식을 다시 설계할 수 있다. 그 과정에서 보상이 돌아가야 하는 대상은 부유층이 감당할 수 있는 치료법이 아니라 그렇지 못한 사람들의 목숨을 구하고, 그들의 삶을 개선하는 치료법이어야 한다. 그런데 시장은 기업에 속눈썹을 길게 해 주는 약을 개발하는 편이 말라리아 치료제나 결핵 치료제를 개발하는 것보다 더 가치 있다는 신호를 보내곤 한다. 그렇다면 그 구조에는 분명 문제가 있다. 다만 우리는 잘못된 구조

포도상구균이었다. 처음 병원을 찾은 뒤 몇 달이 지나 병원에 입원했을 때 나는 이미 많이 아픈 상태였고, 여러 종류의 항생제를 투여한 이력이 있었다. 병원의 전문의가 이런 약 저런 약을 들며 복용한 적 있냐고 물었다. "노란 알약은 드셔보셨어요? 동그란 약은요?" 나는 모든 질문에 그렇다고 했다. 이윽고 그는 이렇게 물었다. "그럼 하나에 700달러짜리 알약은 써 보셨나요?" 나는 "아니오"라고 대답했다. 그러자 의사가 말했다. "좋습니다. 이제 곧 쓰게 되실 겁니다." 결국 그 약으로 내 봉와직염은 완치되었다. 출시된 지 겨우 몇 년밖에 되지 않은 신약이었다.

● 그래서 내 봉와직염 치료제가 알약 하나에 700달러나 한 것이다.

에 영영 갇혀 있지 않다. 내가 아는 한 가장 최근에 개발된 두 가지 결핵 치료제인 베다퀼린과 델라마니드는 모두 공공자금이 주도적으로 뒷받침해 탄생한 약이다.

여러 약물을 조합하여 약제내성 결핵을 치료한다. 2025년 현재 가장 효과적이고 독성이 적은 요법은 하루에 다섯 알에서 일곱 알의 약을 6~9개월 동안 복용하는 방식이다. 그러나 여전히 흔히 쓰이는 방법 가운데 하나는 다소 위협적인 이름인 '주사제 칵테일'이다. 주사제 칵테일은 여러 알약과 함께 독성이 매우 강한 약물을 주사로 투여하는 혼합 치료를 뜻한다.

내가 라카 공공병원에서 헨리를 만났을 때 그는 이미 두 달째 입원해 주사제 칵테일 요법을 받고 있었다. 헨리의 처방에는 카나마이신kanamycin이 포함되어 있었다. 이는 귀에 독성이 있다고 알려진 약으로 복용자의 20퍼센트 이상에서 영구적인 청력 손실을 일으키며, 종종 평생에 걸친 완전 난청으로 이어진다. 신부전 역시 흔한 부작용이다. 그밖에 칵테일 속 다른 약물들도 심각한 간 손상을 초래할 수 있었다.

헨리는 애초에 카나마이신을 처방받아서는 안 됐다. 베다퀼린은 경구 복용이 가능하며 2013년까지 미국을 포함한 여러 국가 보건 당국에서 승인받은 약이었다. 베다퀼린은 리네졸리드, 프레토마니드 같은 기존 약물과 병용할 시 결핵 치료에 더 강력한 효과를 발휘한다. 더욱이 카나마이신보다 훨씬 더 안전한 약물이라는 점에서 의미가 크다. 베다퀼린 기반 치료요법은 청력 손실의 위험이 전혀 없다. 2024년 기준으로 베다퀼린을 포함한 최소 네 가지 약제 치료요법이 주사제 요법보다 더 안전하고 기간도 짧았다. 그런데도 전 세계에서 여전히 수십만 명의 환자들이 주사제 요법을 받았고, 그 결과 매년 수만 건의 청력 손실 또는 신부전이 발생했다.

그렇다면 왜 헨리는 베다퀼린을 쓰지 못했을까? 베다퀼린 개발에 들어간 자금의 대부분은 미국 정부에서 지원한 공공자금에서 나왔는데 이 약의 소유권과 특허권은 존슨앤드존슨Johnson & Johnson에 있었다. 존슨앤드존슨은 독점권을 쥔 채 약값을 완전히 통제했다. 베다퀼린 한 코스(치료 과정에 드는 전체 용량)는 130달러에 생산해도 수익이 남는다.* 그러나 독점 기간 내 존슨앤드존슨은 그보다 훨씬 높은 가격으로 책정했고, 시에라리온 보건부는 약값을 감당할 수 없었다. 결과적으로 헨리에게는 베다퀼린이 제공되지 못했기에 주사제 요법을 받아야 했다.

헨리를 방문하고 얼마 지나지 않았을 때였다. 그는 어느 날 아침 한쪽 귀가 들리지 않는 채로 눈을 떴다. 그러나 의사나 간호사 누구에게도 말하지 않았다. 의료진들이 해줄 수 있는 일이 없다는 걸

---

* 존슨앤드존슨은 현재 베다퀼린 한 코스를 130달러에 판매하고 있으며, 약 제조 과정에 눈에 띄는 변화가 없다는 사실로 보아 확실히 알 수 있다.

알고 있었고, 무엇보다 치료가 중단될까봐 두려웠기 때문이다. 치료 중단은 곧 죽음이었다.

존슨앤드존슨은 훗날 이렇게 말했다. "일부에서 주장하는 것처럼 우리가 다제내성 결핵 치료제 서튜러SIRTURO(베다퀼린)에 대한 접근을 막기 위해 특허를 이용하고 있다는 주장은 사실이 아닙니다." 그러나 나는 그들에게 감히 이렇게 해보라고 전하고 싶다. 아이사투의 눈을 똑바로 보면서 공공자금 위주로 개발된 약이 정작 가장 취약한 이들에게 닿지 못한 것이 존슨앤드존슨의 약제 가격 장벽과 과연 무관하다고 말할 수 있느냐고 말이다. 실제로 수많은 환자들이 베다퀼린을 기다리다 죽어갔다. 그 가운데는 인도의 결핵 활동가 슈레야 트리파티도 있었다. 그녀의 주치의 중 한 명이었던 제니퍼 퓨린 박사는 내게 이렇게 전해주었다. 슈레야는 내가 쓴 소설 《잘못은 우리 별에 있어》(영화 〈안녕, 헤이즐〉의 원작)를 무척 좋아했다고 한다. 퓨린 박사는 슈레야를 추모하며 이렇게 썼다. "슈레야의 언니는 동생이 침대 밖으로 나갈 수 없을 만큼 숨이 가빠지자 동생에게 그 책을 건네주었다. 이런 결과를 낳은 것은 단지 결핵균 때문만이 아니라 슈레야가 생존하도록 돕기를 거부한 사회 탓이기도 하다."

슈레야는 광범위 약제내성 결핵 진단을 받고 치료법을 조사하다 베다퀼린을 알게 되자마자 이렇게 말했다. "이건 제 몸에 꼭 필요한 약이네요." 주치의들도 역시 동의했지만, 당시 인도의 국가 결핵 프로그램은 주치의들의 베다퀼린 처방 요청을 거부했다. 당국이 내세운 이유는 세 가지였다. 첫째, 베다퀼린이 슈레야의 결핵 균주 치료에 도움이 된다는 사실을 뒷받침할 충분한 근거가 없으며(이는 사실이 아니다. 슈레야가 병에 걸렸을 무렵 이미 수천 명의 광범위 약제내성 결핵 환자가 베다퀼린으로 성공적으로 치료되고 있었다) 둘째, 약값이 너무 비싸고(그것은 존슨앤드존슨이 비싸게 책정했기 때문이다) 셋째, 앞으로 베다퀼린이 필요하게 될지도 모를 환자들을 위해 '비축'이 불가피하다는 것이 그들의 주장이었다. 베다퀼린을 지나치게 많이 처방하면 결핵이 곧 그 약에도 내성을 가지게 될 것이라는 논리였다.•

　슈레야는 베다퀼린에 접근하기 위해 인도 정부를 상대로 소송을 제기했다. 사건의 판결이 내려지더라도 본인에게는 너무 늦을 수 있다는 걸 알고 있었다. 그녀는 아버지에게 자신이 겪고 있는 고통이 의미가 있기를 바란다고 말했다. 슈레야는 뉴델리 고등법원에 승소했고, 정부는 결국 베다퀼린을 공급하도록 강제되었다. 하지만 그 승리는 너무 늦게 찾아왔다. 첫 번째 베다퀼린 복용분을 받았을 때를 두고 퓨린 박사는 훗날 이렇게 썼다. "슈레야의 폐는 이미 파괴되어 있었다. 베다퀼린과 다른 약물들이 결핵균을 죽이는 데는 성공했지만, 폐 세포를 다시 건강하게 만들 수는 없었다. 상처만이 남았다."

• 당연하게도 약제내성 결핵 환자를 치료하지 않고 방치하면 그 환자가 다른 이에게 병을 옮길 가능성이 훨씬 높아져, 결과적으로 약제내성 결핵의 확산을 부추기는 꼴이다.

슈레야는 2018년에 세상을 떠났다. 결핵 진단을 받은 지 여섯 해 만이었다. 퓨린 박사는 그녀가 생의 마지막 며칠 동안 《잘못은 우리 별에 있어》를 다시 읽고 있었다고 말해주었다. 폐로 전이된 암으로 숨이 가빠오는 소설 속 화자에게 슈레야는 자신을 겹쳐 보고 있었다.

소설을 쓸 때면 철저히 혼자다. 나 역시 그 책을 공항과 카페, 침대 위에서 홀로 써 내려갔다. 하지만 글을 쓸 때마다 언젠가 더는 혼자가 아니길 바라는 마음이 늘 있었다. 이 작업 속에서, 그리고 이 세상에서 말이다. 그건 어린 시절 수영장에서 하던 '마르코 폴로' 놀이와 비슷하다. 술래가 눈을 감은 채 수영장 안을 헤엄치며 다른 아이들을 찾아다닌다. "마르코" 하고 술래가 외치면 다른 아이들은 반드시 "폴로"라고 대답해야 한다. "마르코, 마르코, 마르코" 하고 술래가 외치면 아이들은 이렇게 화답한다. "폴로, 폴로, 폴로." 내게 글쓰기는 그 놀이와 같다. 수년간 "마르코, 마르코, 마르코" 하고 타이핑하다 보면 마침내 작품이 완성되고 누군가 글을 읽고 응답한다. "폴로."

여기, 거대한 생사의 경계 너머에서 나에게 "폴로"라고 응답하는 슈레야가 있다. 하지만 그녀는 동시에 "마르코"라고도 말하고 있다. 슈레야는 나에게 자신의 목소리를 듣기를, 자신의 부름에 응답하기를 원하고 있다. 사람들은 종종 나에게 묻는다. 왜 그렇게 결핵에 집착하느냐고. 나는 소설가이지 의학 사가가 아니다. 결핵은 내가 사는 곳에서 흔치 않은 병이다. 직접적인 상관도 없다. 모두 사실이다. 하지만 나는 슈레야와 헨리, 또 수많은 이들이 이렇게 나를 부르는 소리를 듣고 있다. 마르코, 마르코, 마르코.

15장

지룸 박사

헨리를 만나고 몇 달 뒤, 라카 공공병원에 새로운 의사가 부임했다. 지룸 테페라 박사는 에티오피아의 아디스아바바 근교에서 자랐다. 아버지가 교사였기 때문에 언제나 성공의 열쇠는 교육이라는 말을 들으며 자랐다. 비록 아버지의 근무지를 따라 자주 전학을 갔지만, 그는 성실한 학생이었다. 어린 시절 지룸은 공학을 전공할지 의학을 전공할지 확신이 없었다. 그러다 7학년 무렵, 어머니가 뇌전증이 제대로 조절되지 않아 발작을 일으키는 모습을 목격했다. "발작하시는 어머니를 보면서 생각했지요. 내가 의사가 된다면 적어도 어머니를 도울 수 있겠다고요."

환자들에게 테페라 박사가 아니라 '지룸 박사'라 불리는 그는 에티오피아 북부의 한 대학 출신이다. 그곳에서 한 멘토의 도움으로 결핵이 전 세계적 비극이라는 사실을 깨닫고, 결핵 연구의 길로 들어셨다. 내가 처음 지룸 박사를 만났을 때 그는 이렇게 말했다. "제가 결핵 전문의로 남아있고 싶은 이유는 곤경에 빠진 사람들을 많이 봤기 때문입니다. 결핵 진단을 받고 오는 환자 대부분은 가난하고 소외된 가정 출신이에요. 그런데도 힘이 되는 순간이 있습니다. 거의 죽기 직전의 상태로 들어온 환자가 올바른 치료법을 찾기만 하면 완전히 마법 같은 일이 일어나죠. 몇 달 후면 뼈결핵 때문에 걷지 못하던 환자가 걸어서 병원을 나가는 모습을 보게 됩니다. 항결핵제는 정말 마법과 같습니다." 에티오피아에서 결핵 진료 경험을 쌓은 뒤 지룸 박사는 수천 마일 떨어진 시에라리온의 라카 공공병원에서 새로운 일을 맡으며 삶의 터전을 옮겼다. 그는 서아프리카의 결핵 유행이 얼마나 심각한지 알고 있었지만, 자신이 변화를 만들어낼 수 있다고 믿었다. 지룸 박사는 수많은 성공 사례를 이야기할 수 있었다. "하지만 때로는 좌절합니다. 너무 늦게 병원에 오는 환자가 많거든요. 환자에게 필요한 치료를 끝까지 제공하려고 고군분투하지만, 사실상 이미 폐가 없는 상태로 찾아오는 경우도 많습니다."

이는 빈곤 지역에서의 결핵 치료가 직면한 거대한 도전 과제다. 1950년대 미국에서는 이동식 X선 촬영기를 실은 밴이 전국을 돌아다니며 무료 흉부 X선 검사를 제공해 결핵을 조기에 확인하고 환자들이 치료를 받을 수 있게 했다. 이런 '적극적 환자 발견'은 결핵을 줄이는 데 다음의 세 가지 이유로 중요하다.

1. 조기 발견은 감염 고리를 끊어 미래의 질병 부담을 줄인다.
2. 환자가 중증 상태에 이르기 전에 진단하면 치료 성과가 전체적으로 더 좋아진다.
3. 감염자의 밀접 접촉자들에게 예방 치료를 제공할 수 있다.

활동성 결핵 환자의 동거인은 본인도 감염될 위험이 특히 커진다. 그러나 RIPE 요법의 구성 약제 중 하나인 이소니아지드를 복용하면 체내에 숨어 있는 잠복 감염을 제거할 수 있다. 단, 예방 치료를 받는 사람은 아프지 않은데도 몇 달 동안 매일 복약해야 하므로 몹시 수고롭다. 그런데도 예방 치료는 효과적이며 대부분 잘 견뎌낸다. 또한 더 효능이 좋고 기간이 짧은 예방 치료요법들이 이미 효과가 있는 것으로 입증되었으나 아직 전 세계적으로 보급되지는 못했다.

예방 치료는 1950년대 초 알래스카 주 베델에서 처음 시작되었다. 당시 베델의 결핵 발생률은 오늘날 시에라리온의 결핵 발생률보다 높았으나, 포괄적 결핵 대응 방안을 시행한 결과 베델의 결핵 발생률은 단 1년 만에 69퍼센트 감소했다. 요컨대 놀라울 만큼 효과적인 전략이다. 그러나 시에라리온에서는 2020년대 초반까지도 결핵과 싸울 자금이 턱없이 부족했기 때문에 적극적 환자 발견이나 예방 치료가 극히 제한적으로만 이루어졌다. 거의 이루어지지 못했다고 봐도 과언이 아니다. 전국을 돌며 X선 검진을 제공하는 대신 여전히 많은 환자가 도말현미경검사로 진단받고 있다. 이 방법은 특히 질병 초기에 절반 정도의 환자를 놓친다. 말라리아나 장티푸스로 꽤 많이 오진하기도 했다. 또 상당수 환자는 비용이 많이 들고 낙인이 찍힐까봐 두려워 위중해질 때까지 의료기관을 찾지 않는다. 이런 요인들이 겹친 결과 환자가 라카 공공병원에 도착할 즈음에는 이미 생존하기엔 너무 늦었을 때가 많았다.

지룸 박사는 또다른 무력감을 털어놓았다. 무엇을 해야 하는지 뻔히 알면서도 해줄 수 없는 상황 말이다. "환자에게 꼭 필요한 약이 무엇인지 알지만 정작 그 약이 손에 없을 때 정말 힘듭니다. 서구에서는 폐출혈을 막을 수 있어도 우리는 그럴 도구가 없어요." 지룸 박사는 자신이 치료할 수 있었던 폐출혈로 환자들이 죽어가는 모습을 수없이 지켜봐야 했다. 또 안전하게 처방할 약이 없어서 죽어가는 환자들 역시 바라볼 수밖에 없었다.

지룸 박사는 마른 체구에 차분하며 세상의 복잡성을 있는 그대로 받아들이는 사람이다. 내가 흥분하여 마구 떠들 때마다 지룸 박사는 언제나 미묘한 뉘앙스까지 염두에 두라고 늘 일깨워주곤 했다. 그가 목소리를 높이는 모습은 상상하기 어렵다. 라카 공공병원에 처음 도착했을 때를 떠올리며 지룸 박사는 나에게 이렇게 말했다. "한 소년을 만났습니다. 저도 그 아이가 환자인 줄 몰랐어요. 늘 다른 환자들을 돕고 있었으니까요. 아마 그게 그 애의 일이겠거니 했습니다. 환자를 돕는 봉사자라든가요. 그런데 아니었습니다. 그 아이도 환자였어요! 기록을 찾아보고서야 알게 되었죠. 그 환자는 다름 아닌 헨리 라이더였습니다."

그 무렵 헨리의 주사제 요법은 RIPE 요법이 그러했듯 이미 소용 없다는 사실이 분명해지고 있었다. 치료는 헨리에게 큰 고통만 남겼다. 한쪽 귀의 청력을 상실케 하고 병을 고쳐주지는 못했다. 헨리가 서서히 또 되돌릴 수 없이 쇠약해질 것임을 지룸 박사는 알고 있었다. 마지막 남은 약제마저 듣지 않게 되면 이 이야기의 끝은 불 보듯 뻔했다. "그때가 바로 청진기를 내려놓을 수밖에 없는 순간이지요."

병을 초기에 정확하게 진단하는 것의 가치를 잠시 곱씹어볼 만하다. 헨리의 삶도 달라질 수 있었기 때문이다. 그가 받을 수 없었던 신속 분자진단검사, 즉 진엑스퍼트GeneXpert는 다나허 산하의 세페이드에서 제작한 경이적인 기술이었다. 이 장치는 코로나19나 HIV 진단에 쓰이는 PCR 검사와 유사한 기술 원리를 활용한다. 단 하나의 카트리지만으로도 환자의 결핵 감염 여부와 그 감염이 특정 항생제에 내성이 있는지까지 판별할 수 있다. 두 번째 카트리지를 사용하면 더 폭넓은 항생제 감수성을 검사할 수 있어 의사들은 환자를 만난 지 몇 시간 안에 RIPE 요법이 그 환자의 결핵을 치료할 수 있을지 파악할 수 있다. 물론 이 검사 자체가 헨리에게 만병통치약이 되긴 어려웠다. 헨리가 필요로 했던 2차, 3차 항결핵제에 접근하기는 여전히 매우 힘들었을 테니 말이다. 하지만 적어도 헨리의 가족은 헨리에게 무엇이 필요한지 알 수 있었을 터였다.

신속 분자진단검사에 대한 접근성은 비용 때문에 심히 제한적이었다. 국경없는의사회의 무함마드 쇼아이브Muhammad Shoaib 박사는 이렇게 말했다. "진엑스퍼트 검사를 받을 수 있는 사람은 충분하지 않습니다. 높은 가격이 주요 원인입니다." 시에라리온의 한 검사실 기술자도 나에게 말했다. "검사 기계는 훌륭합니다. 우리가 검사용 카트리지를 감당할 수만 있다면 말이죠."

세페이드는 프린터 잉크나 면도날과 같은 방식을 통해 막대한 이윤을 얻고 있다. 즉 진엑스퍼트 검사 기계는 낮은 이윤으로 판매하지만, 검사 카트리지는 높은 마진을 붙여 판다. 마치 면도기 자체는 저렴하지만 리필 면도날은 비싼 것과 마찬가지다. 실제로 다나허의 CEO 라이너 블레어Rainer Blair 는 진엑스퍼트가 "업무 수행에 필수적인 응용 분야에서 면도날 사업 모델을 제공"한다고 말한 적 있다. 마치 회사의 수익이 세계 최빈국과 그 나라를 돕는 사람들에게서 거둔 바가지 이익 위에 세워져 있음을 자랑이라도 하는 듯한 말이었다.●

국경없는의사회가 의뢰한 한 연구에 따르면 카트리지의 제조 원가는 5달러 이하였다. 그러나 2023년까지 진엑스퍼트 카트리지 가격은 9.98달러였고, 광범위 약제내성 결핵 검사 카트리지는 14.90달러였다.●● 기계 자체의 가격, 유지비, 검사 기술자 인건비를

● 다나허는 2023년에 표준 결핵 검사 카트리지 가격을 인하했다. 또 저·중소득 국가에는 원가에 맞춰 검사 제품을 공급하겠다고 약속했다. 이 약속의 근거가 되는 원가 산출 내역은 독립 회계 감사관이 검증할 것으로 밝혔지만, 2024년이 되도록 그에 대한 감사 결과는 공개되지 않았다.

●● 액수가 크지 않아 보일 수 있지만 결핵 진단과 치료 지원의 주요 조달 기구 중 하나인 더 글로벌펀드가 밝히길 2023년 말 다나허가 가격을 겨우 2달러 인하했을 뿐인데 매년 수백만 건의 검사 도구를 더 구매할 수 있었다고 했다.

차치하더라도 오직 한 사람을 검사하는 데 두 개의 카트리지를 사용하면 24.88달러의 비용이 드는 것이다. 이는 시에라리온이 연간 한 사람당 보건의료에 지출하는 금액의 절반 이상에 해당한다. 그래서 결핵 검사는 당연히 더 저렴한 방식인 도말현미경검사나 흉부 X선 검사로 이루어졌다. 하지만 둘 중 어느 방법으로도 1차 항생제에 대한 환자의 감수성 여부를 전혀 확인할 수 없었다.

도말 검사와 RIPE 요법을 결합하는 것은 좁은 의미에서 말하자면 결핵을 다루는 가장 저렴한 방법이다. 결핵 환자의 90퍼센트 이상이 RIPE 요법 약제들에 잘 반응하기 때문에 가능한 한 저렴하게 결핵을 진단하고, 모든 환자에게 RIPE 요법을 적용하는 것이 일견 합리적으로 보일 수 있다. 그러나 운이 나쁘게도 약제내성 결핵에 걸린 환자는 RIPE 요법이 실패한 뒤에야 비싼 신속 분자진단검사나 배양검사를 통해 판별된다. 하지만 이렇게 즉각적인 비용 절감에 매달려 장기적 이득을 포기하는 태도는 미국에서 한 번도 적용된 적이 없다. 미국에서는 진엑스퍼트 검사를 결핵 진단에 일상적으로 사용하고 있으며, 이미 70년 전에 도말현미경검사가 민감성이 충분히 크지 않다는 사실을 알았기에 X선 촬영기를 여러 버스에 싣고 다녔다. 그 결과 오늘날 미국에서 결핵은 아주 희귀하며 예방이나 치료에 쓰는 비용도 거의 들지 않는다. 비용 효과성 분석은 흔히 피상적인 수준에 머문다. 그러나 효과 없는 약을 쓰는 비용, 약제내성 결핵을 더 퍼뜨릴지 모르는 비용, 학교에 있어야 할 아이를 입원시키는 데 드는 비용, 아이들이 제대로 된 검사에 접근하지 못하면서 발생하는 모든 종류의 비용 등 더 큰 비용을 생각해보면 진엑스퍼트 검사는 결핵 부담이 큰 모든 나라의 진료소에 반드시 비치되어야 한다. 그러나 비용 효과성에 대한 집착은 흔히 "이 병을 더 저렴하게 진단할 수 있나?"라는 수준에서 멈춰버리고, 그 이면의 인간적 비용에 대한 더 넓은 고려로는 나아가지 못한다.

우리가 활용할 수 있는 모든 수단을 쓰지 않았을 때 발생하는 장기적 비용까지 고려한다면 가치 계산은 달라진다. 그런 관점에서 보면 결핵의 진단과 치료에 투자하는 것은 세계 보건에서 매우 확실한 선택지로 보인다. 세계보건기구WHO가 2024년에 의뢰한 연구에 따르면 결핵 진료에 1달러를 쓰면 약 39달러의 편익이 발생한다. 미래의 결핵 환자 수 및 그에 따른 비용을 줄이면 자신이 만성질환 환자가 되거나 그러한 가족을 돌보는 대신 더 많은 사람이 일할 수 있게 되기 때문이다. 또한 2023년에 《편익-비용 분석 저널Journal of Benefit-Cost Analysis》에 실린 논문은 더욱더 높은 수익률을 이렇게 계산해 냈다. "결핵에 1달러를 투자하면 46달러의 편익을 낳는다." 이 보고서는 2023년부터 2050년 사이에 "매년 평균적으로 거의 1백만 명의 사망을 예방할 수 있을 것이다. 결핵 대응에 개입하면 비용 대비 효과가 탁월하다"라고 결론지었다.

그러나 당연하게도 사람은 경제적 생산성으로만 환원될 수 없다. 우리는 본질적으로 비용-편익 분석 속에 끼워 넣어지려 존재하는 것이 아니다. 우리는 사랑하고 사랑받기 위해서, 또한 이해하고 이해받기 위해 존재한다. 결핵 개입은 세계 보건에서 아주 뛰어난 투자임이 틀림없지만, 내가 결핵에 마음을 쓰는 이유는 그 때문이 아니다.

내가 결핵에 마음을 쓰는 이유는 헨리 때문이다.

16장

헨리

아이사투는 헨리가 라카 공공병원에서 치료의 고통을 견디는 동안 기회가 있을 때마다 먹을 것을 보냈다. 아들이 폐출혈로 피를 지나치게 잃어 수혈이 필요했을 때 아이사투는 친구와 이웃, 친척 집을 두루 찾아다니며 돈을 모으고 헌혈해 줄 사람을 수소문했다. 수혈이 이뤄지는 순간에도 아이사투는 헨리의 손을 꼭 잡았다. 헨리가 땀에 흠뻑 젖은 채 절실히 필요했던 피가 몸속으로 들어와 몸이 압도당하며 경련할 때도 아이사투는 아들을 끌어안았다.

하지만 지룸 테페라 박사가 익히 알고 있던 바대로 주사제 치료만으로는 헨리의 병을 고치기 역부족이었다. 그의 병은 이미 깊어지고 있었다. 헨리는 목과 어깨에 부풀어 오른 림프샘을 보며 치료 효과를 스스로 가늠했다. 림프샘이 점점 커져 피부를 뚫고 터져 상처를 남기면 병이 악화되고 있음을 알 수 있었다. 반대로 그 부위가 잠시 멈추거나 줄어들면 몸이 나아지고 있다고 믿었다. 지룸 박사는 헨리가 스스로에게 용기와 희망을 불어넣는 데 놀라울 만큼 능숙했다고 말했다. "헨리의 마음가짐은 놀라웠습니다." 지룸 박사는 말했다. "그 친구는 늘 이렇게 말했어요. '저는 학교에 돌아가고 싶어요.' 위기 한복판에서도 그렇게 말했죠. 힘든 치료가 실패로 끝나고 있다는 걸 알면서도 헨리는 늘 완쾌해 학교로 돌아갈 계획을 세우고 있었습니다."

그러나 헨리의 주사제 치료는 점점 더 실패로 향하고 있었다. 지룸 박사는 헨리에게 완치의 기회를 주려면 다른 길을 찾아야 한다는 걸 알고 있었다. "다른 선택지가 거의 없었어요. 그래서 해외 동료들과 논의를 시작했습니다." 박사는 하버드 의대의 의사들, 또 사하라 이남 아프리카와 아시아의 여러 병원 의사들과 의견을 나눴다. 문제 중 하나는 헨리의 동반 질환이었다. 몇몇 결핵약은 다른 건강 문제 때문에 쓸 수 없었다. 결국 헨리에게 맞춘 특별한 실험적 약물 조합이 필요했다.

지룸 박사가 설명했다. "당시 시에라리온의 국가 결핵 프로그램은 델라마니드와 베다퀼린 같은 신약을 도입하려는 단계였습니다." 하지만 그 약들은 18개월 복용 코스에 1천 달러가 넘는 막대한 비용이 들었고, 시에라리온에는 아예 도입되지도 않았다. 게다가 헨리처럼 간과 신장에 부담이 있는 환자에게는 심각한 부작용을 일으킬 수도 있었다. 모든 것이 총체적인 난국이었다. 치료 방안을 설계할 의사의 기술은 물론, 약을 어떻게든 라카 공공병원까지 가져올 실행력도 요구되는 일이었다. 그러나 지룸 박사는 이 소년을 포기한다는 생각을 도저히 받아들일 수 없었다. 아니, 사실 환자 누구 하나 포기할 수 없었다. 그는 말했다. "결핵의 세계에서는 계속 시도하는 길밖에 없습니다."

헨리의 가족은 먹고살기에 바빴다. 그래도 아이사투는 거의 매일 병원에 들렀고, 아버지도 자주 찾아왔다. 헨리는 어머니가 가져온 음식을 톰프슨Thompson이라는 환자와 나누곤 했다. 톰프슨은 서른 살가량의 남자였는데, 헨리와 같은 다제내성 결핵 병동에 있었다. 헨리는 병원 직원들과 금세 친해졌다. 지룸 박사의 말마따나 헨리는 "모두에게 아들 같은 아이"였다. 그러나 헨리가 다른 환자에게 특별히 위험한 결핵균을 감염시킬 위험이 있어서 대부분의 환자와 격리되어 지내게 됐다. 그럼에도 톰프슨과는 함께할 수 있었고, 둘은 금세 가까워졌다. "톰프슨 형은 늘 저를 격려해 줬어요." 헨리가 회상했다. "저희 둘 다 열에 시달리며 침대에 누워 있을 때도 그랬어요. 저는 형과 음식을 나눴고, 형은 제게 용기를 나눠줬습니다. '넌 할 수 있어. 헨리는 멋진 삶을 살게 될 거야'라고 말했죠."

헨리에게 그 격려는 생명줄과도 같았다. 다른 사람들 앞에서는 여전히 웃으며 분위기를 밝히려 했지만, 속으로는 결핵이 악화되고 있었다. 동시에 정서적으로도 무너지고 있었다. "병실이 나의 우주

전부가 되어버렸다. 고립과 절망이 스며들어 자리잡았다." 헨리는 일기에 이렇게 썼다.

헨리의 가족은 유달리 곁에 머물러 주었지만, 많은 친구가 사라졌다. "학교에서는 친구가 수천 명은 있었죠. 늘 붙어 다니고 함께 놀았어요." 그는 무릎을 다쳤을 때 친구들이 자기 대신 울어주던 일을 떠올렸다. 라카의 병실에서 헨리는 방을 가로질러 걷는 것조차 숨이 턱 막히는 몸을 이끌며 그 시절을 생각했다. "제가 결핵에 걸렸다는 얘기를 듣고 다시는 저한테 말을 걸지 않은 친구들도 있었어요."

주사제 치료가 실패했다는 사실을 알게 되자 헨리는 무너졌다. 간호사에게 '우리의 행복한 아이'라 불리던 그는 점점 무뚝뚝하고 성난 얼굴을 하게 됐다. "한때 내 눈에서 밝게 타오르던 빛은 이제 꺼져가고 있었고, 몇 달이 지나면서 고립은 더 깊어졌다." 헨리는 이렇게 기록했다. 더이상 복도에서 선글라스를 거꾸로 쓰고 랩을 하거나 춤을 춰서 다른 환자들을 웃기는 헨리는 없었다. 이제 그는 분명히 알았다. 또래들보다 단순히 뒤처지고 있는 것이 아니라 열여덟 살에 세상과 작별을 고하고 있었다.

지룸 박사가 환자 기록을 들여다보던 작은 방 안에서도 낙관할 근거는 거의 보이지 않았다. 그 무렵 라카 공공병원은 제대로 된 상

수도조차 없어 수돗물이 수시로 끊겼고, 전기도 하루에 몇 시간씩 나갔다. 또한 환자들에게 줄 음식도 모자랐으며 복잡한 약제내성 결핵 환자들에게 맞춤식으로 새로운 약물 조합을 설계하고 투여할 능력은 더더욱 없었다.

2020년 봄, 헨리와 톰프슨은 나란히 내리막길을 걷고 있었다. 헨리에게 톰프슨은 단순한 친구가 아니었다. 톰프슨은 멘토였고 헨리가 언젠가 말했듯 "자신의 앞날을 미리 보여주는 존재"였다. 그러던 어느 날 아침, 톰프슨이 사라졌다. 톰프슨은 결국 숨을 들이쉴 수 없게 되어 세상을 떠났다. 누군가는 그 고통을 이렇게 설명했다. "늘 빨대를 통해 숨 쉬는 것 같았어요. 아니면 얼굴을 베개에 묻은 채로 숨 쉬는 것 같았지요."

"톰프슨이 떠났다. 그가 숨을 거둔 후 무언가가 나를 향해 속삭였다. '다음은 너야, 헨리. 다음은 너라고.'" 헨리는 자신의 죽음이 머지않았음을 확신했다. 점점 더 자주 울었고, 방 밖으로 나가는 일도 줄었다. 아이사투가 음식을 가져와도 먹지 않았다. 의사들은 그 이유가 우울증 때문인지 결핵 때문인지 단정할 수 없었다. 하지만 헨리에게 둘은 분리할 수 없는 것이었다. 가족이 먹을 것이 없어 영양실조에 시달리지 않았다면 애초에 결핵에 걸리지 않았을지도 모르는 것처럼, 가장 친한 친구가 여전히 살아 있어 자신이 그의 뒤를 잇게 되리라는 확신이 들지 않았다면 우울증도 생기지 않았을 것이다.

밤이면 헨리는 어머니를 떠올렸다. 자신도 어머니가 몹시 그리웠지만, 어머니가 훨씬 더 그리워하셨을 것이다. 어머니는 헨리를 아주 깊고도 한결같이 사랑했다. 그녀는 이미 딸 하나를 잃은 엄마였다. 헨리는 하나님께 구원과 치유를 빌었다. 헨리 자신을 위해서가 아니라 어머니가 세상에 홀로 남게 되지 않기를 바라는 기도였다. 한편 아버지와의 관계는 훨씬 복잡했다. 가까웠던 순간도 있었지만 멀어져 있던 시간이 더 많았다. 아버지는 쉽게 분노했고, 집을 떠나 살면서 생계비도 보태지 않았다. 그러나 그는 병원에 자주 찾아왔고 아들을 아끼는 마음도 분명했다. 하지만 여전히 헨리를 병원에 두어서는 안 된다고, 기도만으로 결핵이 치유될 수 있다고 강하게 믿었다.

 헨리는 지룸 박사 쪽을 더 신뢰했지만 톰프슨이 죽은 뒤로는 절망에 빠져 들었다. "정말 무서웠어요." 헨리가 말했다. "톰프슨 형과 저는 늘 서로를 응원해 줬어요. 제 유일한 멋진 친구였습니다. 그런데 형이 눈을 감은 걸 보니 생각이 달라졌어요. 죽음에 관한 생각이 찾아왔습니다."

 지룸 박사나 다른 의료진들은 그런 생각을 쉽사리 잠재울 수 없었다. 그들이 할 수 있는 말이라고는 "우리가 할 수 있는 한 최선을 다해 치료해 줄게", "무슨 일이 생기더라도 함께 할게" 혹은 "아직 희망이 있어" 정도였다. 그러나 이렇게는 말할 수 없었다. "넌 좋아질 거야." "넌 완치될 거야."

17장

나중에 저를 치십시오

그럼에도 지룸 박사는 헨리에게 도움이 될 수 있는 새로운 약물 요법을 찾으려 애썼다. 그는 정부의 결핵 프로그램 당국에 이렇게 질의했다. "만약 저희가 적절한 약을 이 나라로 들여온다면 어떻겠습니까? 헨리가 그 첫 번째 환자가 될 수 있겠지요. 헨리의 사례를 통해 시에라리온에서도 부유국에서처럼 환자들이 개인 맞춤 치료를 받는 것이 정당하고 당연하다는 사실을 입증할 수 있을 겁니다."

지룸 박사가 헨리의 생존을 위해서는 맞춤 치료가 필요하며 또 그럴 자격이 있다는 주장을 펼치는 동안 헨리의 아버지는 아들이 병원에 갇혀 있다는 사실에 점점 더 낙담하고 분노했다. 게다가 주사제 치료가 실패하고 있다는 소식을 듣게 되자 아버지는 격노했다. 헨리는 수십 년 동안 '죽으러 가는 곳'으로 알려진 병원에 벌써 2백 일이나 갇혀 있었다. 그런데 치유를 약속했던 약은 아무 효과도 없었으며 어쩌면 더 악화시켰을지도 몰랐다. 그도 그럴 것이 헨리는 지금껏 그 어느 때보다 많이 아팠다.

　이제 헨리의 아버지는 지룸 박사와 책상을 사이에 두고 마주 앉았다. 하지만 의사의 차분한 태도는 전혀 헨리의 아버지를 진정시키지 못했다. 답답한 진료실에서 아버지는 벌떡 일어나 외국인 의사를 향해 아들은 학교와 집, 삶으로 돌아가야 한다고 소리쳤다. 이미 세 차례 치료가 실패했다. 그의 눈에는 이번 약도 아들을 저버린 듯 보였다. 병든 사람들을 공식 의료체계가 늘 저버렸듯 말이다. 결국 아들은 하루 종일 침대에 누워 있었고, 화장실에 갈 때만 겨우 몸을 일으켰다.

　지룸 박사는 두려웠다. 이 나라에 막 부임한 터라 아직 크리오어도 유창하게 하지 못했다. 그래서 헨리의 아버지가 무슨 말을 쏟아내는지 다 알아듣지 못했지만, 고함을 치고 있다는 것만은 분명히 이해했다. 의사는 헨리가 학교에 돌아갈 수 없다고 설명했다. 몸이 너무 쇠약해서도 그렇고, 극도로 위험한 약제내성 결핵을 다른 학생들에게 옮길 위험이 있기 때문이었다. 또한 집으로 돌아간다면 금방 죽을 것이 불 보듯 뻔했다. "그러면 집에서 죽게 놔두시오"라고 헨리의 아버지는 응수했다. 그는 절망과 분노에 사로잡혀 내일 다시 와서 아들을 데려갈 것이고, 헨리가 자신을 사랑해 주는 이들 곁에서 여생을 보낼 수 있게 하겠노라고 선언했다. 이 공허한 희망만 던져주는 병원을 벗어나서 말이다. 만약 아들을 데려가지 못하게 자신을 막는다면, 지룸 박사를 한 대 치겠다고 위협했다.

한편 헨리는 병실에서 기력을 잃고 누워 있었다. 아버지가 자신을 집으로 데려가려 한다는 것, 라카 공공병원에 남아있으면 아직 희망이 있을지도 모른다고 지룸 박사가 약속한 것을 헨리는 알고 있었다. 그러나 누구의 말을 믿어야 할지 알 수 없어 절망스러웠고, 두려움에 휩싸였다. 아버지를 믿지 못했지만 그렇다고 의사들과 간호사들을 믿어야 할지도 역시나 확신할 수 없었다. 어쨌거나 의료진들은 톰프슨을 살리지 못했기 때문이다.

헨리는 의미 있는 삶을 살고 싶었다. 조국에 기여하고 세상을 여행하며 다른 사람들이 어떻게 살아가는지 보고 싶었다. 그는 프리타운 거리의 사업가들을 떠올렸다. 그들은 새 신발을 신고 있었다. 죽어가는 마당에 이런 생각을 하는 게 바보 같다는 걸 알고 있었다. 하지만 헨리는 한 번도 새 신발을 가져본 적이 없었다. 언제나 남의 걸음걸이에 맞게 이미 길이 든 신발을 신어야 했다.

음악을 들을 때면 헨리는 그 노래를 만든 세계 곳곳의 사람들을 떠올렸다. 런던, 로스앤젤레스, 라고스(나이지리아의 도시)에 사는 사람들의 삶은 어떨까? 이제는 영영 알 수 없게 됐다. 헨리는 스스로 진정하면서 마음을 다잡으려 했지만, 곧 피를 토했다. 목과 어깨에 터져버렸던 상처가 점점 더 커지고 있었다. 피부는 더이상 결핵균의 번식을 막아내지 못했다. 외로운 나머지 고통이 더욱 짙어졌다. 너무 아파서 방을 자주 나올 수 없었고, 물론 외출 허락을 받을 수도 없었다. 헨리는 이렇게 기록을 남겼다. "의료진은 내 상태의 심각성을 인지하고 다른 환자들과의 접촉을 제한하는 어려운 결정을 내렸다. 나는 혼자만의 공간에 갇혀 버렸다. 예전에 위안이 되었던 동료 환자들과의 교감과 경험도 끊겨 있었다."

어쩌면 집으로 가야 할 수도 있었다. 그러나 살아남고 싶은 열망이 너무도 간절했다. 퇴마 같은 전통 치료와 생의학적 치료에도 더 이상 믿음을 두지 않았다. 모든 것이 헨리를 저버렸다. 어쩌면 하나님께서 헨리가 필요하셨으리라. 하지만 헨리는 신에게 가기 두려웠다. 어쩌면 선하게 살아오지 않았을지도 모른다. 결핵에 걸렸다는 사실이 알려졌을 때 사람들이 어떻게 반응했는지 떠올렸다. 찌푸린 얼굴과 헨리가 마스크를 쓰고 있어도 방 반대편에 서 있던 모습, 연민이나 혐오로 헨리를 바라보던 그 눈빛들을.

그날 밤 지룸 박사는 좀처럼 잠들지 못했다. 박사는 아내와 아기에게서 약 3천2백 킬로미터나 멀리 떨어져 있었다. 집에서 그렇게 떨어져서 일하는 까닭은 자신에게 주어진 가장 좋은 기회를 잡고 싶어서만은 아니었다. 무엇보다 시에라리온이 결핵 진료를 얼마나 절실히 필요로 하는지 알고 있었기 때문이었다. 지룸 박사의 고향인 에티오피아에서도 결핵은 심각한 문제였고, 만성적인 재정 부족에 시달렸다. 그러나 시에라리온의 상황은 훨씬 더 절망적이었다. 많은 사람들이 진단검사조차 받을 수 없었으며 간신히 라카 공공병원에 도착한 환자들은 이미 폐가 망가진 상태였다. 헨리에게 더 나은 치료를 제공한다고 해도 여전히 죽을 가능성이 크다는 것을 알고 있었다. 최근 찍은 X선에서 본 헨리의 폐는 참혹했다.

게다가 헨리의 아버지와 그가 퍼붓는 위협이 두렵기도 했다. 훗날 지룸 박사는 내게 이렇게 말했다. "저는 마음속으로 되뇌려 했습니다. '그 사람은 단지 아들을 집으로 데려가고 싶을 뿐이다', '아들이 혼자 죽기를 바라지 않는다'라고요. 이해합니다. 저도 자식이 있는 아버지니까요." 마침내 지룸은 한 가지 계획을 세웠고, 그제야 겨우 잠들 수 있었다.

다음날 아침, 헨리의 아버지는 다시 병원으로 찾아왔다. 간호사들이 아들을 만나게 해 주지 않자 그는 화를 냈다. 지룸 박사의 책상을 빙 둘러 돌아가 당장이라도 지룸 박사를 한 대 칠 기세였다. 그러나 지룸은 차분하게 말했다. "지금 아드님을 데려가시면 저희가 해 온 모든 일이 무의미해집니다. 헨리의 아버님이시잖아요. 저도 아빠입니다. 헨리의 주치의이기도 하고요. 약속드리겠습니다. 만약에 새로운 약이 효과가 없다면 그때 오셔서 저를 치십시오. 오늘은 참아주시지요. 실패한 후에 절 때리셔도 됩니다."

헨리의 아버지는 아들을 보러 방으로 성큼 걸어갔지만 간호사들이 막아섰다. 무엇보다 헨리도 아버지와의 만남을 거부했다. 헨리는 어느덧 열여덟 살이었다. 아버지에게 라카 공공병원에 남아 새 약을 기다리겠다고 말했다. 다음날 아침, 아이사투가 병원에 와서

사과했다. "저희 남편은 이미 포기했어요. 그저 아들과 함께 있고 싶을 뿐이죠. 하지만 지룸 박사님, 저는 박사님을 포기하지 않겠습니다. 제 믿음과 목숨과 아들을 박사님께 맡깁니다."

훗날 지룸 박사는 내게 이렇게 말했다. "그래요, 압니다. 한 명의 환자에 불과하지요. 환자는 하고 많은데 헨리는 그중 한 명일 뿐이고요. 그런데 왜 단 한 사람을 살리려고 산을 옮겨야(성경 마태복음 17장 20절에 나오는 은유로, 불가능해 보이는 일을 믿음과 의지로 해낸다는 뜻) 하냐고요? 헨리가 바로 그 한 명의 사람이기 때문입니다. 이해되십니까? 게다가 어쩌면 헨리가 많은 이들 가운데 첫 번째가 될 수도 있지 않겠습니까?"

18장

슈퍼버그

부유국에서 결핵 이야기가 들려온다면 대부분은 '다가오는 위기'와 같은 맥락 속에서다. 시간이 지나면 현재 사용 가능한 모든 항생제에 내성을 가진 결핵 균주가 나타날지도 모른다는 경고로 쓰이곤 한다. 이전보다 훨씬 더 공격적이고 치명적인 슈퍼버그superbug가 출현할 수 있다는 얘기다. 이런 공포 담론은 나름의 목적을 지니는데, 부유한 사람들이 결핵 문제에 관심을 기울이게 만드는 전략 중 하나인 셈이다. "결핵이 아직 여러분 집 문 앞까지 가지는 않았지만 닥쳤을 때는 이미 너무 늦을 것입니다"라고 말이다.

솔직히 말하자면 상당히 그럴싸하다. 결핵균은 항생제를 피해 가는 변이를 선택하는 능력을 이미 보여주었다. 우리가 결핵 치료제 옵션을 충분히 다양하게 마련하지 못했기 때문에 전염력이 강하고 모든 약제에 내성을 가진 균주가 나타날 수도 있다. 하지만 그런 균주가 몇 주나 몇 달 만에 전 세계를 휩쓸 가능성은 크지 않다. 결핵은 다른 병원체보다 분열 속도와 사람을 병들게 하는 속도가 훨씬 느리다는 점을 염두에 두어야 한다. 무엇보다 영양실조, 동반 질환, 열악한 생활환경 등으로 면역 체계가 약화된 사람들에게서 주로 발병하기 때문이다. 그럼에도 결핵은 70년 전까지만 해도 그랬듯이 다시금 전 지구적 혼란이 될 수 있다.*

하지만 슈퍼버그 논거에만 집중하는 점에는 의구심이 든다. 이유는 두 가지다. 첫째, 결핵 위기를 이해하고 대응하기 위해 반드시 결핵을 직접적으로 두려워해야 하는 것은 아니다. 이미 수십억 명에게는 슈퍼버그 시대가 현실이다. 즉 결핵은 강력한 세균성 감염병이며 수십억 명은 이에 맞설 효과적인 수단이 없지만, 이는 수단이 존재하지 않아서가 아니라 우리가 그 치료를 병이 있는 사람들에게 제대로 전달하지 못했기 때문이다.

둘째, 코로나19를 통해 이미 보았듯이 치료법이 없는 질병이 부유한 권력층 사이에 널리 퍼지면 그 질병을 치료하고 예방할 도구에 막대한 투자가 이뤄진다. 코로나19의 등장 18개월 만에 우리는 훌륭한 백신과 효과적인 항바이러스제를 갖추었다. 물론 2025년 현재 코로나19는 여전히 심각한 공중보건 위협이며, 사망과 장애의 주요 원인이긴 하나 상황은 2020년과 다르다. 그 차이는 코로나

---

* 실제로 미국에서도 속도가 느리긴 해도 증가하는 추세다. 2023년에는 활동성 결핵 사례가 거의 1만 건 보고되었다.

19에 대응하기 위해 쏟아 부은 연구 자금으로 발생했다. 만약 결핵이 부유층의 문제가 된다면 권력 있고 건강한 이들에게 더이상 위협이 되지 않을 때까지 관심과 자원이 쏟아질 것이다.

여기서 우리는 오랜만에 다시 마주하는 '비용 효과성'이라는 친구이자 적 이야기로 돌아온다. 비용 효과성이 결핵 치료의 판도를 어떻게 왜곡하는지 이해하려면 RIPE 요법에서 R에 해당하는 리파마이신rifamycin 계열 항생제인 리팜핀을 살펴볼 필요가 있다. 최초의 리파마이신은 이탈리아의 한 연구실에서 마리아 테레자 팀발Maria Teresa Timbal, 핀하스 마르갈리트Pinhas Margalith, 피에로 센시Piero Sensi가 합성했다.* 1969년의 한 분석 보고서는 이렇게 평가했다. "리팜피신(리팜핀의 다른 이름)의 가장 큰 장점은 독성이 매우 낮고 투여가 간편하다는 점이다." 실로 엄청난 장점이지 않은가? 그러나 이런 단점도 있었다. "가장 큰 단점은 비용이다. 이 약은 매우 비싸며 앞으로도 계속 비쌀 가능성이 크다. 많은 나라에서는 감당하기 어려운 가격이다. 오히려 더 저렴한 요법으로 1차 치료를 개선하는 데 자원

---

* 이 연구실은 신약 이름을 지을 때 대중문화에서 영감을 얻곤 했다. 결핵 항생제의 이름 역시 프랑스 갱스터 영화 《남자들 사이의 소동(Du Rififi Chez les Hommes, 약칭 리피피)》에서 따왔다. 영화감독은 공산당 당적 때문에 할리우드에서 블랙리스트에 오른 미국인 줄스 다신(Jules Dassin)이다.

을 쓰는 편이 훨씬 더 중요하다."

앞의 세 문장에는 짚어야 할 것이 많다. 먼저 "이 약은 매우 비싸며"라는 대목부터 보자. 왜 그렇게 비쌌을까? 1960년대에는 대량 생산하기 어렵다는 문제가 있었다. 하지만 우리의 비용 분석은 흔히 잘못된 전제를 깔고 있다. "이 약은 매우 비싸며, 앞으로도 계속 비쌀 가능성이 크다"라는 가정이다. 그러나 오늘날 리팜핀은 40년 전 가격의 절반도 되지 않으며, 결핵 환자의 대부분을 치료하는 데 절대적인 필수 약제다.

리팜핀이 처음 도입되었을 때는 하루 600밀리그램 1회 복용으로 시험이 이루어졌다. 그것이 가장 효과적인 용량이라 생각해서가 아니라 그나마 가장 저렴하면서도 효과적이라 여겼기 때문이었다. 그런데 오늘날에도 여전히 리팜핀을 600밀리그램으로 처방한다. 약 생산 비용은 훨씬 낮아졌고 더 높은 용량이 효과적일 가능성을 보여주는 근거가 늘어나고 있음에도 말이다. "우리는 이 약을 50년 동안 저용량으로 써 온 셈이에요"라고 캐럴 미트닉 박사는 내게 말했다. 여전히 1969년의 합성 비용을 기준으로 한 비용 분석에 매달리고 있기 때문이다. 이로 인해 환자들이 리팜핀과 그 계열의 다른 약물에 내성을 얻을 가능성이 높아진다. 불필요하게 낮은 용량으로 세균에 오래 노출되면 세균이 내성을 발달시킬 시간이 그만큼 늘어나기 때문이다. 또한 그 결과 환자들이 필요 이상으로 아프고, 전염성도 있는 상태로 더 오래 앓게 된다.

이 모든 것은 미트닉 박사가 말한 '상상력의 실패', 즉 새로운 해법을 그려내지 못하는 태도에서 비롯된다. "결핵에는 여전히 희소성의 사고방식이 계속되고 있어요." 박사는 이렇게 설명했다. 이 말을 들으며 나는 내 동생 행크Hank와 동생이 받은 암 돌봄의 맥락을 떠올렸다. 미국에서도 암 돌봄은 여전히 극도로 불평등하고, 온갖 바가지 비용으로 얼룩져 있다. 하지만 아무도 동생의 림프종 치료가 '비용 효과적'인지 따지지 않았다. 동생의 치료비는 헨리의 결핵 치료비보다 1백 배나 비쌌음에도 말이다. 행크는 나의 가장 오래된 친구이자 친밀한 협력자다. 동생의 작업은 수많은 사람들의 삶을 바꿔 놓았다. 나는 결코 다음과 같은 말을 듣는 세상을 받아들일 수 없다. "환자분의 암은 제대로 치료하면 92퍼센트의 완치율을 보입니다. 그러나 죄송하게도 그 의료 서비스를 당신에게 제공할 만큼 이 세계의 자원이 충분하지는 않습니다." 그런 세상은 너무나도 명백하게, 받아들일 수 없을 만큼 부당하다. 그런데 나는 어떻게 헨리와 그의 가족이 그런 말을 들어야 하는 세상에서 살아갈 수 있을까? 어떻게 매년 1백만 명이 넘는 사람들이 거의 한 세기 동안 존재해 온 치료법이 있음에도 치료받지 못해 죽어가는 세상을 받아들일 수 있단 말인가?

19장

악순환

1980년대 초, 저·중소득국의 의사와 활동가들은 이례적으로 빠르면서도 치명적으로 진행되는 결핵 환자가 폭발적으로 늘고 있다고 경고하기 시작했다. 젊은 환자들이 수년에 걸쳐 죽는 대신 몇 주 만에 사망했고, 결핵이 종종 폐 전체로 무섭게 퍼져 환자의 숨을 막아 죽게 했다. 결핵은 언제나 천천히 목을 조여 오는 살인자이자 느릿한 질식사였다. 그런데 이제는 환자들이 병원에 들어온 지 몇 시간 만에 사망했다.

이러한 죽음은 오늘날 HIV와 에이즈로 알려진 신종 팬데믹과 연관된 것처럼 보였다. 1985년, 자이르(현 콩고민주공화국)와 잠비아에서 HIV 양성 환자에게서 활동성 결핵 발생률이 높다는 의사들의 보고가 있었다. 치료받지 않은 HIV는 감염 저항력을 낮춘다. 결핵 감염은 면역 체계가 약화할수록 활동성 질환으로 발전할 가능성이 훨씬 커지며, 결핵은 약화된 면역 체계를 통해 빠르게 죽음을 초래하게 된다. 이미 1986년에 냐나 선더람Gnana Sunderam 등이 "에이즈는 그 지역에 원래 존재했던 풍토병을 드러내고 더 악화시키는 역할을 할 수 있다"라고 썼다. 또한 아니크 루이용은 "1986~1987년에 우리는 일부 젊은 환자들이 죽고 있음을 주목하기 시작했다"라고 기록했다.

많은 이들이 이런 연관성을 지적했음에도 저·중소득국에서는 결핵이나 HIV 약물 접근성을 확대하는 일이 거의 이루어지지 않았다. 1990년대 중반이 되자 부유층에겐 항레트로바이러스 칵테일 요법을 통해 HIV가 치료할 수 있고 완쾌할 수 있는 질병이 되었다. 약을 복용하면 바이러스 수치가 일반적으로 탐지 불가 수준까지 낮아져 타인에게 전파하는 것도 불가능해졌다. 그러나 빈곤한 나라에서는 여전히 매년 수백만 명이 죽어갔다. 결핵 치료는 접근하기 어려웠던 데다 HIV와 동시 감염된 환자들에게서는 다제내성 결핵이 흔했기 때문이다. 이처럼 서로 얽힌 두 감염병은 폭발적인 사망자 수를 불러왔다. 그 결과 많은 빈국에서 전체 기대수명이 급격히 낮아졌다. 예컨대 아프리카의 레소토에서는 1985년과 2002년 사이 전체 기대수명이 약 10년 가까이 낮아졌다.

빈곤층에게 HIV 치료를 거부한 이유는 가난한 환자들은 약을 제때 먹지 못할 것이니 예방과 통제에 집중하는 게 낫다는 논리가 제시되었는데, 이는 결핵에서 보았던 이유와 같았다. 2001년, 미국 국제개발처United States Agency for International Development의 처장은 저소득국에 항레트로바이러스 치료를 제공하는 문제와 관련해 이렇게 말했다. "만약에 오늘 아프리카에 쓸 수 있는 HIV 약이 있다고 해도 우리는 배포할 수 없어요. 그 프로그램을 운영할 수도 없습니다. 왜냐하면 의사도 없고, 도로도 없고, 그들은 손목시계나 벽걸이 시계가 무엇인지조차 모릅니다. 시간을 확인하는 데 서구식 도구를 쓰지 않거든요. 대신 태양을 봅니다. 이 약들은 하루 중 어떤 특정한 순차적 흐름에 맞춰 투여돼야 하는데요. 오전 10시에 복용하라고 하면 그들은 '10시가 무슨 뜻이죠?'라고 물을 겁니다."

여기서 우리는 아프리카 사람들에 대한 인종차별적 비인간화racist dehumanization가 단지 19세기와 20세기의 역사만이 아님을 볼 수 있다. 인종주의는 지금도 우리의 정책과 관행을 왜곡하고 있다. 또한 이전의 인종차별적 사례들과 마찬가지로 완전히 잘못되었음이 밝혀졌다. 실제로 2007년의 한 연구는 아프리카 사람들이 북미인들보다 HIV와 에이즈 치료 지침을 더 충실히 준수하는 경향이 있다는 사실을 보여주었다.

2000년대 중반이 되어서야 미국 대통령이 주도하는 에이즈 퇴치 긴급계획인 PEPFAR President's Emergency Plan for AIDS Relief과 더 글로벌펀드 같은 프로그램을 통해 빈국에서 수백만 명의 HIV 감염자들이 항레트로바이러스 치료에 접근할 수 있게 되었다. 다시 말해 '비용 효과성'이라는 기준은 늘 유동적인 잣대였다. 빈곤 지역에서의 HIV 치료는 도저히 감당할 수 없는 수준이었으나 제약회사가 가격을 95퍼센트 인하하도록 압박을 받으면서 그제야 비로소 감당할 수 있는 수준이 되었다.

도로와 진료소 문제 역시 마찬가지였다. HIV 치료를 위한 종합 계획의 일환으로 보건 시스템과 교통망을 강화하는 것이 불가능한 일이 아니라 오히려 엄청난 투자 가치가 있는 일임이 드러났다. 이를 통해 수백만 명의 생명을 구할 수 있었다. 또한 수십 년 동안 HIV 감염자의 결핵 사망률도 극적으로 감소했다. 그러나 1980년대 중반에 활동가들이 HIV와 결핵의 결합이 재앙으로 이어질 것이라 경고하기 시작했을 때부터 2000년대 중반 HIV 치료가 보편적이라고 할 순 없지만 마침내 널리 보급되기 시작할 때까지 너무나 많은 사람이 목숨을 잃었다. 그 시기 동안 수천만 명이 결핵으로 사망했다. 실제로 1985년부터 2005년까지 결핵으로 숨진 사람의 수는 1·2차 세계대전 사망자를 합한 것과 비슷했다.

결핵은 악순환의 화신과도 같은 병이다. 가난의 병이자 가난을 더욱 심화시키는 병, HIV에서 당뇨병에 이르기까지 다른 질병을 부채질하는 병, 취약한 보건체계를 더욱 취약하게 하는 병, 영양실조의 병이자 영양실조를 심화시키는 병, 낙인의 병이자 낙인을 더욱 깊게 새기는 병이다. 이런 모든 것을 마주하면 절망하기 쉽다. 결핵은 불의라는 구불구불한 강을 따라 흘러가는 데에만 그치지 않고, 그 강을 더 넓고 깊게 만든다.

20장

헤일 메리, 마지막 시도

한동안 헨리는 아무런 치료도 받지 못했다. 이는 매우 낙담스러운 일이었다. 고통스럽고 독성이 강한 주사를 맞았을 때조차 적어도 결핵에 맞서 '무언가 하고 있다'고 느꼈었다. 그러나 이젠 라카 공공 병원의 침대에 그저 누워 있어야 한다. 덥고 눅눅하고 고요한 공기가 가슴을 짓눌렀고, 숨은 점점 얕아졌다. 두려움에 사로잡힐 때는 천천히 깊게 숨을 쉬라고 조언한다. 하지만 헨리는 깊은 숨을 쉬기가 불가능했다.

파트너스 인 헬스는 헨리 치료에 필요한 자금을 마련했다. 헨리는 이처럼 고도로 개인 맞춤화된 칵테일 요법을 받는 첫 시에라리온 환자가 될 것이었다. 지룸 박사는 그것이 어떤 의미인지 잘 알고 있었다. 헨리 개인만이 아니라 나라 전체에도 말이다. 만일 헨리가 살아남는다면 시에라리온에서도 복잡한 약제내성 결핵을 치료할 수 있다는 살아 있는 증거가 될 것이었다. 그러나 헨리가 살아남지 못한다면 라카 등지에서는 헨리 같은 환자를 치료하는 게 무의미하다는 세계 보건 권위자들의 주장에 힘을 보태는 사례가 될지도 몰랐다. 지룸 박사가 구하던 약 중 일부는 인접국 라이베리아에서 구할 수 있었지만 다른 약들은 더 먼 지역, 예컨대 파트너스 인 헬스가 결핵 및 HIV 치료 증진센터를 세운 레소토에서 비행기로 들여와야 했다.

몇 주 동안 헨리는 기다리라는 말만 들었다. 아무것도 하지 말라고 했다. 증상이 심해 다른 환자와 방을 함께 쓸 수도 없으니 조용히 홀로 방에 누워 있으라는 말이 다였다. 헨리는 톰프슨의 죽음을 떠올리며 이제 곧 자신의 차례라는 생각이 들었다. 어린 시절 친구들이 자라서 평범한 삶을 살아가는 모습도 떠올렸다. 헨리는 곧 시를 썼다. 그의 시는 기묘하고 인상주의적이었으며, 눈길을 붙잡는 동시에 아름다웠다. 그중 하나는 〈황금 도끼〉라는 제목의 시인데 이렇게 시작한다.

   황금 도끼, 미지의 전투에서
   찾아내야 하는 도끼
   결의 없는 전사들

조그만 힘에도 발가락이 부서진다.
전사들은 술잔을 움켜쥐었다가 순순히 던져버리며
황금의 자리로 옮겨 가네.
사자가 전사들의 등을 짓누르자
그들은 구덩이 속으로 떨어졌네, 붙잡을 곳을 찾지 못한 채.

독실한 기독교인이었던 헨리는 기도했다. 그는 어머니 아이사투를 떠올렸고, 어머니를 위해 살아야겠다고 생각했다. 그러나 생존은 결코 개인의 의지로만 이루어지는 일이 아닌, 집단의 의지로 이루어지는 일이다. 헨리가 결핵에 걸린 것 또한 가난한 나라 사람들에게 치료를 거부하기로 한 인류가 공동으로 내린 선택 때문이었다. 시에라리온에서 태어난 아이는 미국에서 태어난 아이보다 결핵으로 죽을 확률이 1백 배 이상 높다. 이 차이는 조이아 무케르지 박사가 쓴 바와 같이 "건강 불평등은 유전이나 생물학, 문화 때문이 아니라 빈곤, 인종차별, 의료의 부재, 사회적 요인 때문에 발생"한다.

헨리는 사실 코흐의 결핵균 때문이 아니라 우리가 지금껏 이 책에서 살펴본 역사적 권력 때문에 아팠다. 헨리는 스페스 프티시카, 즉 예민하고 시적인 기질을 지니고 있었으나 빛나고 아름다운 시인으로 대우받지 못했다. 헨리에게 창조력을 준 바로 그 놀라운 요인이 동시에 그를 죽음으로 몰아넣었음에도 말이다. 헨리의 병은 시에라리온이 수 세기에 걸쳐 겪은 빈곤의 산물이자 식민 지배와 전쟁, 에볼라로 텅 비어버린 보건의료체계의 결과였다. 동시에 부유층에게 결핵이 더이상 위협이 되지 않자 관심을 거둔 우리 세계의 무관심이 빚어낸 비극이기도 했다.

우리는 언제나 선택한 것과 주어진 것 사이에서 살아간다. 헨리는 역사적 권력에 좌우되었지만, 동시에 우리가 모두 그렇듯이 그 자신도 하나의 역사적 권력이었다. 헨리는 선택했다. 그 선택은 라카 공공병원에 남는 것이었다. 그는 지룸 박사를 믿어보기로, 그리고 자신에게 신뢰할 만한 근거를 거의 주지 못했던 의료 체계를 믿어보기로 선택했다.

헨리가 새로운 치료를 시작한 날, 본인이 표현한 바로는 '혼란스러운 상태'였다. 도착한 약은 라이베리아에서 차를 통해, 일부는 시에라리온을 방문한 이들의 여행 가방에 담겨 들어왔다. 지룸 박사는 곧바로 헨리의 치료를 개시했다. 이제껏 헨리는 인생에서 3년 넘게 코노트 병원이나 라카 공공병원에서 지내야 했으며, 가장 친한 친구가 죽는 것을 지켜보았다. 새로운 치료법이 효과가 있을지 지룸 박사 역시 확신할 수 없었다. 설령 효과가 있다고 해도 헨리의 폐 손상은 심각했다. 너무 늦게 치료받은 환자들은 항생제에 잘 반응하더라도 슈레야 트리파티처럼 결국 죽고 만다. 헨리의 폐는 오랜 세월 결핵을 안고 사느라 몹시 손상되어 있었다. 항생제 덕에 잠시 숨쉬기가 나아지고 림프샘 결핵이 줄어들기도 했지만, 어디까지나 일시적이었다.

문제는 단순히 기분이 괜찮아지는지가 아니었다. 실제로 몸이 낫는지가 문제였다. 그래서 상태가 좋아지는 듯해도 헨리는 안심할 수 없었다.

헨리는 계속 약을 먹으며 기도했다. 구덩이 속으로 떨어진 전사들이 붙잡을 곳을 기어코 찾게 해달라고.

21장

마법처럼

새로운 약물 요법을 시작한 지 일주일 만에 지룸 박사는 헨리의 병세가 호전되고 있음을 발견했다. 특히 헨리의 목과 어깨의 림프샘이 터져 생긴 상처가 달라지고 있었다. "마치 마법 같더군요"라고 지룸 박사는 내게 말했다. 한 달 넘게 헨리는 목과 어깨에 림프샘이 터져 벌어진 상처를 지니고 있었다. 그러나 림프샘은 가라앉고 있었고 상처는 아물기 시작했다. "상처가 마르는 게 보였죠"라고 지룸 박사는 말했다. "저는 마음속으로 '이건 회복의 초기 징조야'라고 되뇌었어요. 일주일 만에 헨리는 밥을 잘 먹기 시작했습니다."

하지만 헨리는 또다시 헛된 희망일까 두려워졌다. 약을 복용한 처음 2주 동안 약이 효과가 없다는 확신이 들었고, 무엇보다 어머니를 볼 수 없다는 외로움에 짓눌렸다. "나는 방에 격리되어 있어야 했다. 그래서 아무도 만날 수 없었다. 병세가 나빠져서 다른 사람들과 함께 지낼 수 없다고 생각하니 낙담스러웠다." 그러나 3주가 지나자 일어나서 걸을 수 있었고, 목과 어깨의 병변이 나아지는 것도 직접 알아챘다. 헨리는 힘이 붙었고 다시 허기가 졌다. 한 달 만에 체중이 약 4.5킬로그램 늘었다.

몇 달 동안 효과적인 치료를 받은 끝에 헨리의 객담에서 수년 만에 처음으로 결핵균이 검출되지 않았다. 여전히 폐와 림프에는 감염이 남아있었지만, 전염성은 훨씬 낮아져서 다시 방문객을 만날 수 있었다. 아이사투는 매일 병원으로 헨리를 찾아왔다. 헨리의 아버지도 아들의 치료가 시작된 지 한 달이 되었을 때 라카 공공병원에 찾아왔다. "부친께서는 꽤 민망해하는 듯하더라고요"라고 지룸 박사는 회상했다. 그 자리에서 지룸 박사는 곧 헨리의 아버지를 바로 안심시켰다. "저는 자식이 1년 넘게 병원에서 매일 밤 지낸다는 것이 얼마나 사회적으로 타격이 되는지 압니다. 화내셨던 것도, 의료를 불신하신 것도 이해합니다. 저라도 제 아이가 그랬다면 똑같이 했을지 모릅니다."

헨리는 몸이 낫자 프리타운에 있는 어머니 곁으로 돌아가고 싶어 했다. 당시 아버지는 이미 다른 곳에 살고 있었는데, 헨리는 아버지의 폭발적인 분노와 일관적이지 않은 태도에 환멸을 느끼고 있었다. 헨리는 다른 이들이 달아날 때 가장 가까이 서 있던 사람이었던 어머니와 함께하는 집이 너무나 그리웠다. 학교에도 돌아가고 싶었다. 그때 헨리는 만 열여덟 살이었는데 고등부 첫 학기가 시작하기도 전에 다니지 못하게 되어 학업이 끊겨 있었다. 헨리는 학교에 돌아갈 수 있을지 확신이 없었다. 자신이 얼마나 뒤처졌는지 잘 알고 있었기 때문이다. 예전 급우들과 가까이 연락하며 지내진 않았어도 다들 대학에 다니거나 일을 하고 있다는 사실은 알고 있었다. 만 열여덟 살의 고등부 신입생을 받아줄 학교가 있을까?

라카에서 1년이 넘는 시간을 보낸 것을 비롯해 총 3년에 걸친 입원 생활 끝에 헨리는 마침내 집으로 돌아갈 수 있었다. 물론 치료가 끝난 것은 아니었다. 앞으로도 매일 아침 열두 알의 약을 삼켜야 하는 12개월의 고된 시간이 남아있었다. 그러나 최소한의 음식조차 없는 날이 많아 항생제가 위 속에 가라앉기 힘들 때가 잦았다. 그래도 헨리는 집에 돌아왔고, 무엇보다 늘 곁을 지켜준 어머니 아이사투와 함께 있었다. "그때가 제 인생에서 가장 행복한 순간이었어요." 아이사투는 2023년에 내게 그렇게 말했다.

 라카에는 놀이터가 없었다. 할 일이라고는 간이침대에 누워 쉬거나, 먼지 날리는 땅을 거닐거나, 거대한 망고나무 그늘 아래 긴 목제 벤치에 앉아 있는 것뿐이었다. 라카에서는 병원 뒤로 번잡한 도로와 가판대가 이어져 있어 세상의 소리가 들렸다. 하지만 그 세계에 속하지는 못했다. 헨리는 그 세계로 간절히 돌아가고 싶었다. 동시에 두려움에 사로잡혀 있기도 했다.

 아이사투와 헨리는 결핵을 겪으면서 철저히 가난해졌다. 아이사투는 시련을 겪는 동안 지역 시장에서 물건을 파는 장사를 접어야 했고, 가족이 함께 살던 방 두 칸짜리 콘크리트 벽돌집도 잃었다. 이제 모자는 비가 새는 녹슨 철 지붕이 얹힌 더 작은 공동 주택에서 살게 됐다. 프리타운에서는 1년에 1백 일 넘게 비가 온다. 아이사투와 헨리가 매트리스를 어디에 깔든 지붕에서 새는 물은 그들을 따라왔고, 두 사람은 긴 우기 동안 젖은 몸을 떨며 밤을 지새웠다. 또한 전력망에 연결되어 있지 않아 집은 어두웠다. 그들이 사는 동네는 프리타운에서도 슬럼가라고 부르는 지역이었다. 어떤 날은 끼니를 해결하는 것조차 힘이 들었다. 헨리는 나에게 사는 데 어려움이 많다고 말했다. "너무 제약이 많다고요"라고 그는 재차 말했다.

헨리는 이제 뚜렷한 턱선과 근육질 몸매를 갖춘 건장한 청년으로 성장했다. 한때 열세 살짜리 내 아들과 동갑으로 생각했던 헨리의 모습은 이제 상상하기조차 어려워졌다. 하지만 아이사투는 여전히 가벼운 손길 하나로 아들을 조용히 제압할 수 있었다. "제약이 많지." 아이사투는 고개를 끄덕이며 덧붙였다. "그래도 살아있는 모습을 다시 보게 되었잖니. 엄마는 살아 있는 널 볼 수 있어. 내 아들 헨리는 살아 있다고."

22장

선순환

그저 절망만으로는 인간의 이야기를 온전히 설명할 수 없다. 아무리 절망이 그렇다고 우겨도 말이다. 그러나 체념은 모든 것을 설명할 수 있는 교묘한 재주가 있다. 그러니까 이거든 저거든 죄다 형편없는 이유는 세상만사가 형편없어서이고, 우리네가 비참한 까닭은 우리가 사는 세계에 대한 적절한 반응이 비참함 그 자체이기 때문이라는 식이다. 나 역시 절망에 잘 빠지는 사람이기에 그 강력한 목소리를 잘 안다. 하지만 그것은 진실이 아니다. 내가 보는 진실은 이렇다. 악순환은 흔하다. 불의와 부당함은 인간 삶의 모든 부분에 스며들어 있다. 그러나 선순환도 가능하다. 사실 헨리가 지금 살아 있는 것도, 헨리를 통해 다른 이들이 살아나게 될 것도 바로 그런 선순환 덕분이다.

1990년대 초, 하나의 선순환이 시작되었다. 페루는 남미에서 세계보건기구 지침에 맞춘 포괄적 DOTS 프로그램을 비교적 빨리 도입한 나라였다. 트레이시 키더Tracy Kidder가 《꿈은 삶이 된다》에 쓴 것처럼 페루의 결핵 프로그램은 "주민들이 벌인 시위, 수녀들과 신부들이 벌인 시위 덕분에" 탄생했다. 정부는 DOTS에 자금을 지원하는 데 동의했다. 그러나 당시 세계보건기구 지침에는 약제내성 결핵 환자들을 위한 어떤 치료도 포함되어 있지 않았다. RIPE 1차 항결핵제 치료가 실패한 환자들은 그대로 같은 항생제를 다시 투여받았다. 그 약들도 결국 실패하면 공식 치료 기준을 따랐다. 이른바 '지지 요법supportive therapy'이라 불리는 것이었다. 이 용어가 이해되지 않아서 처음 몇 번의 회의를 하던 중에 캐럴 미트닉 박사에게 물었다. 박사는 이렇게 말했다. "그건 기본적으로 '환자를 길가 오두막에 앉혀 두고 죽을 때까지 기다린다'라는 뜻입니다."

저·중소득 국가의 공공보건체계에는 2차나 3차 항결핵제가 전혀 갖추어져 있지 않았다. 그 결과 약제내성 결핵 환자들은 사실상 죽음에 내몰렸다. 이는 단순히 죽음에 내몰린 것이 아니라 죽기 전까지 환자들은 약제내성 결핵을 더 퍼뜨리도록 방치된 셈이었다. 세계보건기구는 "저소득 국가에서 다제내성 결핵을 치료하기에는 비용이 너무 많이 든다"라는 태도를 고수했다.

당시 환자 한 명을 2년간 치료하는 데 드는 비용은 1만5천~2만 달러에 달했다. 비용 효과성 관점에서 보자면 환자 치료는 비합리적으로 보였다. 한 사람의 생명을 구하는 데 너무 많은 돈이 드는 데다 세계보건기구의 말처럼 "그러한 환자들의 치료 성공 가능성은 제한적이기 때문"이었다. 다제내성 결핵 치료는 심지어 최고 수준의 병원에서도 매우 어려웠다. 세계보건기구는 페루 같은 중소득국에서는 사실상 치료가 불가능하다고 주장했다. 그렇다면 애초에 시도조차 할 이유가 없는 걸까?

그러나 이러한 접근 방식은 여러 측면에서 실패하고 있었다. 전설적인 인물 폴 파머 박사가 지적했듯 모두 다제내성 결핵 치료의 비용만을 강조했지만 "다제내성 결핵의 진단과 치료에 실패하는 것이야말로 실로 큰 비용을 초래"했다. 치료받지 못한 모든 다제내성 결핵 환자는 결핵을 더 퍼트리고, 더 강한 내성이 생기게 하고, 더 많은 고통을 유발하는 각각의 기회를 키워가고 있었다. 또한 공공자금을 다제내성 결핵 치료에 투입하지 않는다고 해서 사람들이 치료 자금 마련을 그만두는 것도 아니었다. 절박한 가족들은 집을 담보로 하거나 가진 것을 팔아 개인 병원 의사에게서 2차 약제를 사곤 했다. 하지만 그들은 완치를 받기 위해 필요한 충분한 분량의 약 구입을 끝까지 감당하지 못했고, 그 결과는 더 큰 내성과 고통, 더 많은 죽음으로 이어졌다.

1990년대 후반, 페루에서는 '소시오스 엔 살루드Socios en Salud'로 알려진 파트너스 인 헬스는 결핵이 풍토병처럼 자리잡은 페루의 수도 리마의 빈곤 지역에서 다제내성 결핵 환자 치료를 시작했다. 이 프로젝트를 이끈 사람은 파트너스 인 헬스의 공동 설립자 짐 킴Jim Kim 박사[한국명은 김용으로, 전 세계은행 총재]였다. 하지만 박사는 언제나 이 사업이 사실상 다양한 파트너들의 주도로 진행되었음을 강조했다. 파트너들로는 캐럴 미트닉 박사 같은 연구자, 메르세데스 베세라~Mercedes Becerra~ 박사 같은 감염병 역학자, 간호사, 지역사회 보건요원들이 포함되어 있었다. 이들은 환자마다 맞춤형 치료법을 설계했고, 환자가 회복에 필요한 충분한 영양을 섭취할 수 있도록 직접적인 금전 지원을 제공하는 등 포괄적인 돌봄을 실시했다. 또한 해당 지역에 거주하는 지역사회 보건요원들의 정기적인 방문을 통해 환자들을 돌보도록 했다. 이들은 오랫동안 보건의료체계의 관심 밖에 있던 지역사회와 의료체계 사이를 연결하는 다리 역할을 했다.

아이디어는 간단했다. 파머 박사의 말처럼 "기술을 보유하고 있다면 사람들을 치료해야 한다"는 것이었다. 그러나 그 일은 결코 수월하지도, 값싸지도 않았다. 파트너스 인 헬스는 환자 1인당 최대 2만 달러를 쓰면서 그 과정에서 따르는 대가를 예리하게 인식하고 있었다. 짐 킴 박사는 결핵 전문가들 앞에서 이렇게 말했다. "사실 우리는 아이티의 4천 명의 어린이에 대한 식량 공급 중단을 선택해야만 했습니다. 여러분이 아이티에 가본 적이 있으시다면 중앙 고원 지역의 많은 땅 없는 농민이 처한 상황만큼 도덕적으로 절박한 현실은 거의 없다는 걸 아실 겁니다." 그럼에도 짐 킴과 동료들은 가난한 나라에서도 다제내성 결핵을 실제로 치료할 수 있음을 입증할 수 있다면, 국제보건단체와 각국 정부가 치료에 더 많은 투자를 시작할 것이라 굳게 믿었다. 선순환을 일으킬 수 있다고 그들은 확신한 것이다.

1998년 4월, 파트너스 인 헬스는 페루의 다제내성 결핵 환자들 가운데 85퍼센트 이상이 포괄적인 지원을 통해 완치에 이르렀다는 놀라운 성과를 발표했다. 한 전문가는 이를 두고 "경이롭다"고 평가했다. 이 완치율은 전 세계에서 자금이 풍부하기로 손꼽히는 병원들의 기록 수치와 비슷하거나 심지어 그보다 더 높은 수준이었다. 국제 보건계는 실제로 주목했고, 불과 2년 만에 세계보건기구는 다제내성 결핵 환자들에게 일정한 치료 접근을 포함한 'DOTS-플러스' 전략을 권고하기 시작했다.

물론 여전히 오랜 숙적인 비용 효과성 논쟁이 남아있었다. 하지만 트레이시 키더가 지적했듯 결핵 통제 전문가들은 다제내성 결핵 치료가 터무니없이 비싸다고 선언했지만, 가장 큰 비용이던 고가 약제 자체를 줄이려는 시도는 아무도 하지 않았다. 조사 결과 약들 대부분의 특허는 이미 만료된 상태였지만 저렴한 복제의약품(제네릭)을 만들려는 노력은 없었다. '시장'이 없다고 여겨졌기 때문이다. 그러나 물론 시장은 있었다. 많은 다제내성 결핵 환자들이 치료를 절박하게 원하고 있었다. 다만 그 구매력이 크지 않았을 따름이다. 곧 파트너스 인 헬스와 다른 단체들이 나서서 항생제의 복제 생산을 추진했다. 결핵 생존자들과 시민사회 단체들도 제약회사에 압박을 가했다. 그 결과 2년 치료비용은 1만5천 달러에서 1천5백 달러로 급격히 떨어졌다.

　약가가 내려가고 약제내성 결핵의 지침이 바뀌면서 더 많은 환자가 살아남았다. 그들은 추가적인 변화를 촉구하는 활동가가 되기 시작했다. 얼마 전 한 결핵학회에서 남아프리카공화국 출신의 젊은 여성인 푸메자 티실레Phumeza Tisile를 만났다. 푸메자는 2010년, 대학 신입생이었을 때 결핵 진단을 받았다. 그녀는 남아프리카공화국의 이스턴케이프 주에서 태어났는데, 어린 시절 어머니가 도시에서 가사도우미로 일하기 위해 케이프타운으로 이주하면서 그곳에서 자랐다고 한다. 어린 시절 푸메자는 육상 선수였는데 주 종목은 800미터 달리기였다. 또한 학업 성적도 좋아서 대학에 전액 장학금을 받고 입학할 정도였다. 하지만 신입생 첫 학기부터 뭔가 이상했다. 체중이 빠지고 자주 숨이 차올랐다. 그 결과 달리기를 포기할 수밖에 없었을 뿐 아니라 곧 계단 한 층을 오르기조차 버거워졌다. "그래서 진료소에 가서 컵 안에 기침을 했어요." 푸메자는 내게 그렇게 설명했다.

　검사원은 푸메자의 객담에서 꿈틀거리는 막대기 모양 결핵균을 찾으려 했다. 그러나 우리가 이미 살펴보았듯이 도말현미경검사는 전체 환자의 약 50퍼센트를 놓친다. 실제로 푸메자도 결핵 음성 판정을 받았다. 결국 상태는 계속 악화되어 두어 달 만에 학교를 그만두어야 했다. 체중도 급격히 줄어 개학 두 달 만에 몸무게가 약 32킬로그램도 채 되지 않았다. "숨쉬기도 걷기도 정말 힘들었어요." 푸메자는 내게 말했다. 결국 흉부 X선 검사를 받은 끝에 양쪽

폐를 완전히 막은 결핵을 명확히 확인했다. 이후 곧바로 치료를 시작했지만, 항생제에 반응이 없었다. 푸메자는 결국 입원할 수밖에 없었다.

헨리와 마찬가지로 푸메자도 몇 달간 효과 없는 치료를 받았고 이어서 몇 달간 2차 약제를 복용했지만 역시 듣지 않았다. 약제내성 결핵 진단을 받은 후 푸메자는 내게 이렇게 말했다. "인터넷에서 이것저것 찾아봤는데, 진짜로 무서웠어요. 구글 이미지 검색에 나온 사람 대부분이 이미 사망했더라고요. 갈비뼈가 앙상하게 드러나 있었어요. 나도 저렇게 죽을 수 있겠다고 생각했죠." 헨리처럼 푸메자도 주사제 치료 때문에 청력을 잃었다. 무려 5년 동안 아무 소리도 들을 수 없었고, 결국 4만 달러에 달하는 인공와우 수술을 받은 뒤에야 다시 들을 수 있었다.

결과적으로 푸메자는 3년 8개월 동안 결핵 치료를 받았다. 그 기간 내 2만~3만 개의 알약을 삼켰다. 결핵 치료는 푸메자의 청력과 수년의 시간을 앗아갔긴 했지만, 그녀는 결국 완치했다.

바로 이 지점에서 우리는 선순환이 실제로 작동하는 모습을 보게 된다. 오늘날 푸메자 티실레는 대학을 졸업한 사회학자이자 결핵 퇴치 운동을 이끄는 대표적인 목소리 가운데 하나다. 푸메자는 친구인 동시에 또다른 결핵 생존자인 난디타 벤카테산Nandita Venkatesan

과 함께 제약사 존슨앤드존슨의 베다퀼린 특허 연장 출원에 이의를 제기했다. 인도 특허청이 그 출원을 받아들이지 말 것을 요구한 것이다.

앞서 살펴보았듯 베다퀼린은 다제내성 결핵 치료에 강력한 약물이지만, 2013년에 처음 출시된 이후 대부분의 결핵 환자에게는 여전히 손에 닿지 않는 약이었다. 존슨앤드존슨이 저소득국에는 한 코스에 9백 달러, 남아프리카공화국 같은 중소득국에는 3천 달러로 가격을 책정했기 때문이다. 그 결과 푸메자처럼 다제내성 결핵 환자들은 적절한 치료를 받을 수 없었다. 약이 없어서가 아니라 '비용 효과적'이지 않다는 이유 때문이었다.

존슨앤드존슨의 원 특허는 2023년에 만료될 예정이었다. 하지만 존슨앤드존슨은 해당 지적재산권의 수명을 연장하기 위해 후속 특허를 출원하고 권리를 주장하려 했다. 제약업계에서 흔히 쓰이는 특허 '에버그리닝evergreening 전략'〔특허 만료 시점에 후속 특허를 출원해 기존 특허의 보호 기간을 연장하는 관행〕은 복제의약품의 시장 진입을 막아 기존 가격과 이윤을 지키는 데 목적이 있다. 존슨앤드존슨의 사례를 살펴보면 베다퀼린 화합물 자체의 특허는 만료되었지만, 약효를 높이는 보조 화합물의 특허는 훨씬 뒤에 받았으므로 그 특허 효력이 베다퀼린 전체에 적용되어야 한다는 주장이었다.

푸메자 티실레, 난디타 벤카테산과 그들의 변호인단은 인도 법원에서 존슨앤드존슨의 후속 특허가 실질적인 혁신을 포함하지 않으며 단순한 이윤 추구에 불과하다고 성공적으로 논증했다. 그 결과 인도 법원은 존슨앤드존슨의 후속 특허를 인정하지 않기로 판결했고, 2023년 중반부터 베다퀼린은 복제약 생산이 가능해졌다. 이 판결로 인도에서는 베다퀼린 가격이 내려가게 되었지만, 존슨앤드존슨은 대부분의 저·중소득국에서 후속 특허를 이미 확보했기 때문에 전 세계 대부분 지역에서는 여전히 저렴한 베다퀼린에 접근할 수 없었다. 그러나 세계보건단체들과의 협상, 결핵 퇴치 활동가들의 거센 항의와 시위 끝에 존슨앤드존슨은 결국 한발 물러나 다수 국가에서의 베다퀼린 복제약 생산을 허용했고, 나아가 이 약물의 후속 특허를 행사하려는 모든 시도를 포기했다. 그 직접적인 결과로 베다퀼린 가격은 거의 하룻밤 사이에 60퍼센트 이상 급격히 떨어졌다.

결국 1990년대 페루에서 활동한 결핵 의료진, 생존자, 활동가들의 노력이 푸메자 티실레가 결핵을 이겨내는 데 도움을 주었고, 푸메자의 활동은 다시 베다퀼린의 가격을 낮추는 데 도움을 주었다. 그 결과 앞으로 더 많은 사람들이 결핵에서 살아남을 수 있게 되었다. 이런 선순환은 치료비를 낮추고 치료 접근성을 극적으로 높였다. 1990년대만 해도 다제내성 결핵은 환자 1인당 1만5천 달러 이상이 들어 '치료하기에 너무 비싸다'라고 여겨졌다. 그러나 1990년대 후반에는 파트너스 인 헬스 같은 단체들이 그 비용을 1천5백 달러 수준까지 낮췄다. 이후 베다퀼린 가격 인하 노력 덕분에 비용은 더 떨어졌다.

2023년에 국제의약품구매기구, 국경없는의사회, 파트너스 인 헬스가 자금을 지원하는 endTB 임상시험(Expand New Drug Markets for TB의 약자로, 신약을 활용한 다제내성 결핵의 국제 다기관 임상시험)은 다제내성 결핵 환자의 약 90퍼센트가 치료 약제 한 코스당 3백 달러 안팎의 비용으로 완치될 수 있음을 보여주었다. 1990년대보다 무려 98퍼센트 감소한 수치였다. 크리스천 맥밀런의 말처럼 결핵 치료에서 비용 효과성은 '유동적인 잣대'이다.

물론 결핵 치료제를 풍부하게 공급하고 전 세계 어디서나 저렴한 가격으로 접근할 수 있게 만들기까지는 갈 길이 멀다. 하지만 가난한 나라에서도 다제내성 결핵이 완치될 수 있음을 파트너스 인 헬스와 다른 단체들이 입증했고, 난디타 벤카테산과 푸메자 티실레 같은 다제내성 결핵 생존자들이 특허 에버그리닝 전략에 맞서 싸우며 살아남았기 때문에 우리는 지금 진전을 목격하고 있다.

그런데도 다제내성 결핵을 효과적으로 치료하는 많은 약들은 여전히 매우 비싸다. 금이나 백금으로 만들어져서도 아니고, 달까지 가야만 얻을 수 있어서도 아니다. 비싼 이유는 두 가지다. 첫째, 제약회사가 인위적으로 가격을 높게 유지하기 때문이고 둘째, 이 약들이 흔하게 풀리면 더 큰 항생제 내성으로 이어질까봐 두려워해서이다. 그러나 캐럴 미트닉 박사는 내게 이렇게 말했다. "이건 인간이 만들어낸 문제이니 인간적인 해법이 필요합니다. 만일 약이 공공재라면 질병의 부담이 산업의 우선순위를 결정하게 될 테니 결핵 치료제는 다양하고 풍부해지겠지요." 따라서 기존 체제 안에서 개혁을 위해 싸우는 데 그쳐서는 안 된다. 인간의 건강을 시장이 아니라 우리 인류가 공유하는 우선순위로 이해하는, 더 나은 체제를 만들기 위해 싸워야 한다.

물론 이런 선순환은 결핵의 세계 안에서만 나타나는 것은 아니다. 결핵에서 살아남는다는 것은 오로지 다른 결핵 환자들을 돕는 기회만을 뜻하지 않는다. 이는 가족을 부양할 기회이자 학업을 이어갈 기회이며, 무엇보다 살아갈 기회를 뜻한다.

다시 헨리 이야기로 돌아가 보자. 헨리는 학교에 돌아가기엔 이미 늦었다고 걱정했지만, 파트너스 인 헬스의 지원 덕분에 중등학교에 입학할 수 있었고 탁월한 성적을 거두었다. 또한 친구들도 쉽게 사귀었으며 학업 자체를 즐겼다. 헨리는 단지 또래를 따라잡는 데 그치지 않았다. 시에라리온에서 최고의 명문대로 꼽히는 시에라리온 대학교에 입학한 것이다. 그는 현재 2학년에 재학 중이며, 인적자원관리를 전공하고 있다. 헨리는 언젠가 내게 이렇게 말했다. "교육이 가장 중요해요. 저 자신을 위해서만이 아니라 이 나라를 위해서도요."

프리타운에서 헨리는 여전히 궁핍한 환경 속에 살았지만, 그의 이야기를 아는 사람들이 점점 늘어갔다. 아이사투가 사업을 다시 일으키기 위해 시작한 고펀드미GoFundMe 모금은 애초 목표였던 1만 1천 달러를 훌쩍 넘긴 6만 달러 이상을 달성하여 헨리와 아이사투에게 큰 도움이 되었다. 그 결과 두 사람은 프리타운에 작은 집을 마련할 수 있었다. 아이사투는 아들을 다시 곁에 두게 된 것만으로도 기뻤는데, 일할 기회까지 얻어서 더더욱 기뻤다. 그녀는 고펀드미 모금으로 얻은 자본으로 물건을 대량으로 구매해 지역 장터에서 소박한 이윤을 붙여 팔았고, 그 수익으로 생활비를 충당한 후 다시 다음 도매 물건을 가져오는 순환을 이어갔다.

오랫동안 사회에서 외면받고 소외당한 이 젊은이를 위해 그렇게 많은 기부가 쏟아지는 것을 보노라니 무척 가슴이 벅찼다. 우리가 고통을 알아차리고 그 고통에 가까이 다가설 때, 우리가 얼마나 놀라운 관대함을 발휘할 수 있는 존재인지 일깨워주는 광경이었다. 우리는 서로를 위해 아주 많은 일을 할 수 있고 서로에게 큰 의미가 될 수 있다. 다만 이것은 서로를 통계나 문제로 보지 않고 이 세상에 살아 있을 자격이 있는 한 인간으로 대할 때만 가능한 일이다.

헨리는 성공적으로 학교에 복귀했다. 그뿐만 아니라 유튜브에 영상을 올리기 시작했다. 나는 2007년부터 유튜버로 활동했던 터라 헨리에게 장비 몇 가지를 보내 주며 직접 채널을 열어보길 권유했다. 사람들이 직접 시에라리온의 고난, 기회, 즐거운 삶까지 생생하게 접할 수 있는 것이 중요하다고 생각했기 때문이다. 헨리는 자신의 스마트폰을 프리타운의 삶을 보여주는 창처럼 활용했다. 어떤 날에는 인쇄소를 운영하거나, 가판대에서 휴대폰 케이스를 판매하거나, 길거리에서 팝콘을 파는 상인들을 인터뷰했다. 또다른 날에는 친구들과 춤추는 영상을 올리기도 했다. 헨리는 아이사투를 위한 채널도 따로 운영했는데, 어머니가 전통적인 시에라리온 요리법을 소개하거나 가게 운영 방법을 설명하는 영상을 업로드했다.

헨리의 영상에는 그의 공동체가 겪는 '제약'이 드러난다. 하루 1~2달러를 벌기 위해 작은 도구로 바위를 깨거나 나무 팔레트를 부수는 모습, 높은 인플레이션 속에서 시장 노점을 어렵게 꾸려나가는 모습 등이 그것이다. 동시에 헨리는 공동체의 기쁨과 교감도 영상에 담는다. 교회 예배, 역경을 극복하는 젊은 학생들의 이야기, 지나치게 달콤하거나 감상적이지 않으면서도 희망을 품고 있는 아름다운 자작시들을 나눈다. 또 헨리는 이 플랫폼을 통해 모금 활동을 하기도 한다. 프리타운의 깨끗한 식수 해결을 위한 기금을 마련하거나 한 어린 소년의 생명을 살리는 수술비를 모으기도 했다.

헨리는 회복한 뒤 수년 동안 결핵 활동가로도 활약했다. 특히 라카 공공병원을 위한 기금 모금과 관심을 끌어내는 일에 힘을 쏟았다. 헨리는 영상을 자주 제작하며 병원에 대한 더 많은 국제적 지원을 호소했다. 최근 병원을 방문해 올린 영상에서 헨리는 "라카 공공병원은 조금씩 나아지고 있습니다"라고 말하는데 화면으로는 무너져 가는 시멘트 건물과 잡초가 무성한 뜰이 비춰졌다. 그날은 환자들이 성공적으로 치료를 마치고 퇴원하는 날이어서 기쁨이 가득한 현장이었다. 하지만 라카 공공병원 근처에서는 언제나 새로운 무덤이 생겨나고 있다는 사실도 헨리는 알고 있었다.

헨리는 결핵에 따른 낙인과 싸우려 한다. 자신이 결핵 생존자임을 공개적으로 밝히면서 결핵을 대중적으로 알리고, 특히 아직도 '죽으러 가는 곳'이라는 평판을 지닌 라카 공공병원을 제대로 알리면서 낙인에 맞서고 있다. 한 영상에서 그는 이렇게 말한다. "여러분, 아시다시피 저는 결핵 환자였어요. 하지만 퇴원했고 지금은 건강하고 튼튼합니다. 결핵에 걸리더라도 극복할 수 있어요. 이 병원은 나쁜 곳이 아니랍니다." 헨리는 다른 결핵 생존자들에게도 "밖으로 나가서 결핵이 완치되는 병이라는 사실을 널리 알리세요"라고 독려한다.

헨리가 우리 곁에 있다는 건 얼마나 다행스러운가. 오늘날 학생이자 활동가로 살아가는 헨리의 삶은 중병을 이겨낸 뒤에 어떤 일이 가능해지는지를 몸소 보여준다. 헨리는 가족과 친구들을 사랑하고, 또 그들에게 사랑받는다. 그리고 헨리는 배우고 가르친다. 헨리와 나는 문자나 전화로 일주일에 두어 번은 이야기를 나누는데, 때로는 유튜브 전략을 논의하기도 하고 때로는 그저 가벼운 수다를 떨기도 한다. 통화 중 종종 전화 너머로 아이사투가 나타나 헨리에게 농담을 던지며 웃곤 한다. 아이사투가 무언가를 말하면 헨리가 이렇게 통역해 준다. "어머니가 당신과 세라, 앨리스, 헨리를 위해 여전히 기도하고 계신다네요." 헨리는 내 아들 헨리의 멘토이자 친구가 되었다. 두 녀석은 서로를 '이름이 같은 친구'라 부른다.

23장

원인이자 치료법

결핵의 역사는 서로 경합하는 여러 패러다임의 이야기로 이해할 수 있다. 오늘날 우리는 주로 생의학적 관점에서 결핵을 바라본다. 세균에 의해 발병하고 그 세균을 죽이거나 억제하게끔 고안된 약물로 치료하는 감염병으로 본다는 뜻이다. 그러나 어떤 이들은 결핵을 종교적 관점에서 바라본다. 영적 존재나 악령의 빙의로 생긴 병이며, 종교 의식이나 신성한 약제로 치유할 수 있다고 믿는다. 일부 공동체에서는 과거 유럽에서 오랫동안 그랬던 것처럼 지금도 결핵을 유전적 관점에서 바라보며 특정 가문이나 성격 유형이 결핵에 더욱 취약하다고 생각한다. 또다른 이들은 결핵을 사회학적 관점에서 바라보며 빈곤과 사회적 소외로 발생하는 질병으로 여긴다.

생의학적 관점은 내 머릿속에서 너무도 강력해진 탓에 의학만으로 설명하기에는 얼마나 불충분할 수 있는지를 쉽게 잊게 된다. 물론 질병은 신체의 붕괴와 실패로 인해 외부의 침입 과정을 통해 발생하는 것으로, 의료 전문가가 약물과 수술, 기타 처치로 치료하는 대상이다. 그러나 동시에 우리 사회 질서의 붕괴, 실패, 불의의 침입이기도 하다. 식량 불안정, 인종이나 다른 정체성에 따른 구조적 소외, 교육 기회의 불평등, 깨끗한 물의 부족 등 건강의 '사회적 결정요인'은 결코 보건의료체계와 분리하여 볼 수 없다. 이 요소들이야말로 의료의 본질적 측면이기 때문이다. 아이티에 사는 누군가가 콜레라에 걸렸다면 그것은 비브리오 콜레라는 세균 탓일까, 아니면 오염된 물과 빈곤, 2010년 대지진 이후 구호 인력을 따라 아이티에 콜레라가 재유입 되었기 때문인 걸까? 우리는 '건강'을 사회적 결정요인과 분리해서 보아선 안 된다. 그렇지 않으면 결핵에서 흔히 볼 수 있는 상황, 예를 들어 뱃속에 넣을 음식이 없어 약을 제대로 복용하지 못하는 사람들과 같은 문제를 제대로 이해할 수 없게 된다.

　나는 가끔 이런 상호 의존적 체계들을 내 의료 경험에 비추어 생각하곤 한다. 얼마 전 뒷마당을 걸으며 밤하늘을 올려다보다가 못 하나를 밟고 말았다. 못은 신발을 관통해 2.5센티미터 정도 발을 파고들었다. 나는 다음날 아침에 집에서 몇 분 거리에 있는 진료소로, 잘 닦인 도로를 따라, 차를 몰고 가서, 파상풍 예방주사를 접종받았다. 못을 밟은 상처가 파상풍으로 발전할 가능성은 어차피 극히 낮았음에도 염려를 완전히 없애기 위해서였다. 그러나 이 가벼운 의료 처치가 가능하려면 수많은 체계가 내 편의를 위해 제대로 작동해야 한다. 우선 무엇보다 의료 접근성이 필요하다. 나로 말하자면 백신 같은 기본적인 예방 진료를 보장하는 건강보험이 있었다. 또 24시간 전기가 공급되는 지역사회에 살고 있어야 한다. 파상풍 주사는 냉장 보관되어야 효력을 잃지 않는다. 효율적이고 안정적인 운송 체계도 필요하다. 주사 자체만이 아니라 나에게 주사를 놓는 간호사가 착용하는 장갑까지 운반되어야 한다. 그리고 간호사와 의사를 육성할 수 있을 만큼 교육체계가 제대로 갖춰진 곳에 살아야 한다. 궁극적으로 보면 내가 필요로 했던 것은 단순히 파상풍 주사가 아니라 완벽하게 조화를 이루며 작동하는 강력한 체계 전체였다. 풍요로운 지금의 세계에서는 결코 사치여서는 안 될 현상이지만, 그럼에도 여전히 사치로 남아있다.

나는 언젠가 결핵 전문의인 KJ 승KJ Seung(한국명은 승권준) 박사에게 이런 질문을 던진 적이 있다. "올해 결핵으로 130만 명이 사망합니다. 만약 그들이 제가 받는 수준의 의료 서비스에 접근할 수 있다면 그중 몇 명이나 목숨을 건질 수 있을까요?" 결핵은 오늘날 치료 가능한 병으로 인식되지만 광범위 약제내성 결핵은 치료하기가 여전히 매우 어렵다. 또한 부유국에서도 드물긴 하지만 아직 사망자가 나온다. 미국에서는 올해 약 5백 명, 일본에서는 1천 명 넘게 목숨을 잃을 것이다.

"그러니까 모두가 양질의 의료 서비스를 받는다면 몇 명이 사망하느냐는 말씀이지요?" 승 박사가 내 질문이 의아하다는 듯한 어투로 되물었다. "맞습니다." 내가 대답했다. 이에 승 박사가 말했다. "제로zero. 아무도요. 결핵으로 사망하는 사람은 아무도 없을 것입니다."

결핵을 완전히 퇴치한다는 것은 상상하기 어렵다. 결핵은 동물 보균 숙주가 매우 많고 전 세계 인구의 4분의 1이 감염되어 있기 때문에 결핵의 전면적 퇴치는 아직은 아득한 꿈이다. 그러나 우리는 아무도 결핵으로 죽지 않는 세계에서 살아갈 수 있다. 그 선택에는 다른 모든 선택이 으레 그렇듯 희생이 뒤따를 것이다. 우리는 시스템을 개혁해 부유한 사람과 가난한 사람 모두를 포용해야 한다. 가톨릭 해방신학자들의 표현처럼 "가난한 이들을 위한 우선적 선택"을 해야 한다. 우리는 보건의료체계만이 아니라 건강의 사회적 결정요인인 안전한 주거, 충분한 영양, 신뢰할 수 있는 대중교통 등을 개선해야 한다. 이는 불가능한 일이 아니다. 실제로 이미 해낸 적도 있다. 그 결과 결핵으로 인한 사망은 오늘날 많은 부유국에서 희귀해졌다. 만약 모든 사람이 부유국 수준의 양질의 의료 서비스에 똑같이 접근할 수 있다면, 지금보다 훨씬 더 사망자 수가 적을 것이다.

그래서 나는 이렇게 주장하고 싶다. 21세기의 결핵은 우리가 어떻게 죽일 수 있는지 이미 알고 있는 세균 때문에 생기는 병이 아니다. 21세기의 결핵은 사회적 결정요인 때문에 발생하며, 그 중심에는 자원을 추출하고 배분하기 위해 인간이 만든 시스템들이 존재한다. 오늘날 결핵의 진정한 원인은, 적절한 표현이 떠오르지 않지만 결국 우리 '자신'이다.

이는 나쁜 소식이자 동시에 좋은 소식이기도 하다. 1804년, 제임스 와트는 아들 그레고리를 살릴 방법이 전혀 없었다. 1930년, 내 외증조부 찰스 역시 아들 스톡스를 살릴 수 있는 길이 없었다. 그러나 우리는 이제 더이상 그런 세계에 살지 않는다. 질병과 치료법에 관한 지식이 축적되고 전파된 덕분이다. 그리하여 어느새 인류 역사에서 기묘한 시대에 진입했다. 예방할 수 있고 치료할 수 있는 감염병이 여전히 가장 치명적인 병으로 남아있는 시대, 바로 우리가 선택한 세계다. 그러나 우리는 다른 세계를 선택할 수 있다. 아니, 실제로 다른 세계를 선택하게 될 것이다. 한 세대 뒤에 세계는 달라져 있을 것이다. 문제는 우리가 그 변화를 되돌아볼 때 선순환에 감사하며 돌아볼지 아니면 악순환의 공포 속에서 돌아볼 것인지이다.

결핵 활동가와 연구자들은 포괄적 계획을 세웠다. 물론 당연히 약어도 있다. 그것은 'STP'로 발견Search, 치료Treat, 예방Prevent이다. STP 이니셔티브는 보건의료 인력을 고용해 세계 곳곳 가정을 일일이 방문하여 결핵 환자를 '발견'하고, 입원이 필요할 정도로 심각해지기 전에 진단하는 프로그램이다. 진단된 환자는 '치료'를 받게 되는데 대부분 4개월 코스의 항생제 치료를, 다제내성 결핵 환자는 6개월 코스의 치료를 받는다. 마지막으로 이 프로그램은 감염 고리를 끊어 '예방'하기 위해 환자와 함께 사는 모든 이에게 한 달간의 예방 치료를 제공한다. 연간 250억 달러를 결핵의 포괄적 치료에 투입한다면 퇴치에 가까운 수준까지 줄일 수 있다. 장기적으로 비용도 절약된다. 250억 달러를 쓸 때마다 400억 달러 이상을 아낄 수 있기 때문이다. 결핵 부담을 줄이면 미래 환자가 줄고, 그만큼 치료비용도 줄어든다.

우리는 이미 파키스탄의 카라치에서 아프리카의 레소토까지 작은 공동체에서 STP 프로그램의 성과를 봐왔다. 그리고 몇 년 안에 일부 국가에서도 이 프로그램을 시행해 더 큰 환경에서 그 효과와 효율을 입증할 수 있고, 나아가 전 세계적 프로그램으로 확대할 수 있다. 더 나은 백신과 새로운 치료법을 결합한다면 우리는 결핵의 종식을 보게 될 것이며, 적어도 결핵이 오랫동안 차지해 온 '죽음을 몰고 오는 질병 중 우두머리'의 자리를 내어주게 될 것이다. 이건 결핵의 여러 가지 미래 중 하나다. 그러나 그것이 유일하게 가능한 미래는 아니다. 결핵이 앞으로도 한 세기, 아니 열 세기 동안 매년 1백만 명 넘게 목숨을 앗아가는 모습을 상상할 수도 있다. 연구와 치료를 계속 소홀히 한다면 머지않아 새로운 결핵 균주가 나타나 과거처럼 전 세계를 휩쓸 수도 있다. 그때는 부자든 빈자든 가리지 않고 모두 결핵의 희생자가 될 것이다.

결핵은 백신과 약으로만은 해결할 수 없다. STP 같은 포괄적 프로그램만으로도 해결할 수 없다. 우리는 결핵의 뿌리인 불의를 해결해야 한다. 모든 사람이 잘 먹고, 의료에 접근할 수 있고, 인간답게 대우받는 세상에 결핵은 발붙일 수 없다. 궁극적으로 결핵은 '우리'가 원인이다. 그러므로 우리가 바로 치료법이 되어야 한다.

나가며
불의가 낳은 질병, 결핵

결핵에 꽂히기 전, 나는 아주 다른 일을 하고 있었다. 내가 쓴 《알래스카를 찾아서》와 《종이 도시》 같은 소설은 주로 슬픔과 용서에 초점을 맞추고 우리가 서로를 어떻게 받아들이는지에 대한 내용이었다. 소설 속 인물들은 첫사랑을 경험하고 이별에 가슴 아파했다. 그러다 《잘못은 우리 별에 있어》라는 책을 썼는데, 이상하게도 엄청난 베스트셀러가 되었다. 그 책이 성공하고 또 내 동생 행크와 함께 만든 유튜브 영상으로 커뮤니티가 형성된 덕분에 나는 제법 소리가 크고 가끔은 변덕스러운 확성기를 얻게 되었다. 이 특이한 확성기는 유독 알고리즘에 잘 좌우된다. 그래서 내가 어떤 메시지를 어떻게 전하게 될지 알 수 없다. 심지어 그 메시지가 내가 닿고 싶은 사람들에게 전달될지 아니면 완전히 엉뚱한 이들에게 향하게 될지도 확신할 수 없다.

확성기에는 또다른 리스크도 따른다. 자신의 목소리만 증폭되는 환경에서는 정작 더 잘 들려야 할 목소리들이 묻히기 쉽다. 확성기는 또한 누군가의 귀를 아프게 할 수 있다. 나는 그저 말하고 싶었을 따름인데, 다른 이에게는 고함으로 들릴 수 있다. 나는 확성기를 신중히 사용하려고 애썼지만 번번이 실패했다. 그래서 한동안은 확성기를 없애려고도 했다. 하지만 확성기는 내 일과 떼려야 뗄 수 없었고, 내 일을 사랑하기에 결국 이것을 쓸모 있는 방향으로 써보기로 했다.

국경없는의사회, 트리트먼트 액션 그룹Treatment Action Group, 파트너스 인 헬스에서 일하는 친구들의 권유로 결핵 위기와 진단 및 치료 접근성 향상의 중요성에 관해 이야기하기 시작했다. 세계 곳곳의 수천 명의 TB 파이터즈TB Fighters(결핵 퇴치를 위해 활동하는 결핵 생존자, 환자, 활동가들의 네트워크)와 함께 우리는 미국 의회에 세계결핵퇴치법End TB Now Act 발의를 촉구했고, 저·중소득국의 결핵 퇴치 활동에 더 많은 자금이 투입되도록 압박했다. 제약사들에게는 생명을 구하는 결핵약의 후속 특허 신청 중단을 요구했으며, 제약 대기업 다나허에는 진단검사비 인하를 촉구했다. 다나허는 기본 결핵 진단검사비를 인하하는 등 몇 가지 성과도 있었지만, 좌절도 많았다.

《잘못은 우리 별에 있어》가 출간되었을 때 누군가 나더러 10년 뒤에는 결핵에 관한 책을 쓰고 있을 거라고 얘기를 했다면 이렇게 대답했을 것이다. "아직도 결핵이 있다고요?" 이 책이 존재하는 건 순전히 2019년에 헨리 라이더를 만났기 때문이다. 그제야 내가 운

좋게 쥐게 된 이 묘한 확성기를 좋은 방향으로 쓸 수 있게 됐다. 결핵은 지난 5년간 내 직업적 삶의 중심축이었다. 늘 생각할 거리가 있다는 건 좋은 일이었다. 잠자리에 들기 전에도, 아침에 이를 닦을 때도, 숲속을 거닐 때도 나는 결핵을 생각한다. 우리는 결핵 팬데믹을 끝낼 수 있는 능력을 갖고 있으면서도 왜 여전히 끝내지 못하고 있는 걸까. 그동안 알고 지낸 결핵 환자들, 그리고 그중 많은 이들이 이제는 곁에 없음을 떠올리며 슈레야 트리파티가 생전에 내 소설을 읽었을 때를 생각한다. 내가 결핵이 아직도 존재하는 병임을 미처 몰랐을 때다. 나는 생각한다. "그때 내가 이 확성기를 더 잘 썼더라면 어땠을까?" 나는 또 생각한다. "지금은 제대로 쓰고 있는 걸까?" 확성기를 갖지 못한 간병인들과 환자들, 마치 허공에 대고 외치는 심정으로 살아가는 그들을 나는 생각한다.

어떤 면에서 결핵 치료 환경은 그 어느 때보다 희망적으로 보이기도 한다. 고품질의 백신 후보물질들이 (매우 늦었지만) 현재 후기 임상시험 단계에 진입해 있으며, 더 짧고 간편한 형태의 예방 치료법도 곧 개발될 예정이다. 이동식 디지털 흉부 X선은 인공지능 기술의 도움으로 더욱 빠른 진단이 가능하다. 혀를 문지르는 스왑 방식으로 된 빠르고 저렴한 결핵 검사 키트도 조만간 나온다. 새로운 항생제들도 시험 중이다. 이런 혁신은 실제 치료 성과의 향상으로 이어지고 있다. 예컨대 멜리노 은데이지기예Melino Ndayizigiye 박사의 연구팀은 'TB 헌터즈' 앱을 개발하여 레소토 근방의 마을 간 감염 및 확산을 추적할 수 있었다. 그러나 전문성과 기술을 개방적으로 공유하지 않으면 이 모든 새로운 도구들은 무용지물이다.

최근 제니퍼 퓨린 박사에게 베다퀼린 내성 결핵균이 증가하고 있다는 이메일을 받았다. 결핵은 우리가 어떤 약을 써도 결국은 피하는 방법을 배운다. 그래서 끊임없이 새로운 항생제에 투자하는 것이 중요하다. 만약 내가 베다퀼린 내성 결핵에 걸린다면 치료는 어렵겠지만, 감사하게도 개인 맞춤형 치료와 최신 항생제에 접근할 수 있으므로 살아남을 가능성이 높다. 그러나 퓨린 박사가 돌보는 환자들은 거의 언제나 사망에 이른다. 퓨린 박사는 이메일에 이렇게 썼다. "그들에게는 선택지가 거의 없고, 동정적 사용compassionate use〔치료 대안이 없는 환자에게 임상시험 중이거나 승인 전 단계의 약물을 예외적으로 사용할 수 있도록 허용하는 제도〕 절차로 신약을 받는 것도 불가능합니다." 이것이 바로 21세기에 결핵 환자들이 겪는 참담하고 가슴 아픈 불평등이다. 환자가 부유하다면 살 수 있다. 그러나 부유하지 않다면 그저 운이 좋기를 바라야 한다.

헨리가 운이 좋았다고 하자니 좀 이상하다. 헨리의 삶, 가족, 조국을 짓눌러온 숱한 역사적 권력을 생각하면 더더욱 그렇다. 그래도 헨리는 운이 좋았다. 헨리의 친구 톰프슨은 세상을 떠났다. 톰프슨은 헨리나 우리 모두처럼 똑같이 삶을 누릴 자격이 있었다. 코노트 병원에서 헨리와 함께 지낸 룸메이트도 세상을 떠났다. 헨리는 어쨌거나 여전히 우리 곁에 남아있다.

통계의 문제는 이것이다. 매년 125만 명이 치료 가능한 병으로 사망한다는 사실이 나는 도무지 실감이 나지 않는다. 매달 10만 명이 넘는 셈이다. 하지만 그 수치를 어떻게 감각적으로 이해할 수 있을까? 10만 명이 들어찬 경기장에 가본 적이 있지만 관중 각각의 가족들까지는 알 수 없다. 그 사람들이 사랑했던 사람들, 견뎌낸 상실, 살아오며 마주한 고난이나 응원, 그들의 연약함과 회복력에 대해서도 나는 알 수 없다. 그래서 125만 명이라는 숫자가 무엇을 의미하는지 헤아릴 수 없다.

하지만 헨리는 조금이나마 마음으로 헤아릴 수 있다. 요즘 우리는 자주 대화를 나눈다. 헨리는 나를 '아빠'라 부르길 좋아하는데, 시에라리온에서 아빠라는 호칭은 피로 맺어진 관계뿐만 아니라 마음으로 연결된 관계도 얻을 수 있는 호칭이라고 한다.

헨리는 정말 열심히 공부하고 있다. 2024년에 다시 말라리아에 걸렸을 때 폐 손상 때문에 다른 사람들보다 훨씬 더 아팠지만, 그래도 그는 공부를 멈추는 법이 없었다. 지난해에는 학교에서 '최고의 틱토커Tik-Toker'로 선정되어 정장을 차려입고 어머니와 함께 시상식에 참석했다. 헨리는 어머니와 함께 사는 작은 집을 자랑스럽게 여긴다. 다만 벽에 걸 미술 작품이나 장식품을 살 여유가 있었으면 하고 바란다. 그는 이가 훤히 드러나도록 활짝 웃는다. 문자는 "아빠", 그러고 나서 "안녕하세요." 그다음에 "저랑 이름이 같은 녀석은 잘 지내고 있어요?" 식으로 한 번에 길게 쓰지 않고 한 단어씩 나눠 보내는 젊은 친구다. 그리고 헨리는 이 책이 출간되어 무척 기뻐하고 있으며 자신의 유튜브 채널(@Tuberculosis-l1jSurvivorHenry)을 알아주길 기대하고 있다.

완쾌한 헨리의 최근 모습.

여러분이 한 인간이듯이 헨리도 한 인간이다. 잠시 눈을 감고 자신이 이제껏 극복했던 모든 순간, 결국 살아남은 순간, 지금의 모습이 있기까지 여러분을 사랑해 준 사람들을 생각해 보자. 학교 다니기가 얼마나 힘든지 혹은 힘들었는지 생각해 보고, 사랑하고 사랑받을 수 있는 사람들을 만날 수 있어서 얼마나 큰 행운이고 축복이었는지를 떠올려 보자. 사람이란 얼마나 귀하고 소중한 존재인지, 또 우리가 얼마나 많은 사람을 걱정하고 아끼며 살아가고 있는지를 생각해 보자. 그런 다음 가능하다면 그 감정을 125만 번 곱해보자.

이것이 바로 우리가 결핵을, 또 모든 불의가 낳은 질병을 퇴치하기 위해 힘을 모아야 할 이유다.

더 읽을거리

결핵에 대해 읽고 쓰기 시작했을 때 운 좋게도 비디야 크리슈난의 놀랍고도 훌륭한 책 《유령의 역병: 결핵은 어떻게 역사를 형성했는가Phantom Plague: How Tuberculosis Shaped History》를 만나게 되었다. 결핵 그 자체와 결핵이 과거와 오늘의 역사를 어떻게 관통해 왔는지 더 깊이 알고 싶은 분들에게 꼭 권하고 싶은 책이다. 이 책을 읽은 몇 년 후, 비디야와 친분을 쌓을 기회를 얻게 되어 얼마나 반가웠는지 모른다. 우리는 결핵 진단과 치료 장벽을 낮추기 위한 활동에도 함께하게 되었다.

내가 알고 있는 책 중 결핵의 역사에 관한 가장 포괄적인 연구서는 르네 뒤보스와 진 뒤보스의 《백색 페스트: 결핵, 인간, 사회The White Plague: Tuberculosis, Man, and Society》다. 항생제 시대의 초기인 1952년에 출간되었지만, 지금 읽어도 여전히 흥미롭다.

결핵을 직접 겪은 사람의 이야기라면 한다 엥흐암갈란의 《낙인 찍힌 사람들: 한 몽골 소녀의 일기, 병과 낙인을 넘어 자립으로 Stigmatized: A Mongolian Girl's Journal from Stigma & Illness to Empowerment》를 자신

있게 추천한다. 결핵 완치의 과정을 감동적으로 풀어낸 이 책은 몽골에서 시작해 인권과 난민 문제에 이르기까지의 여정을 담은 아름다운 회고록이기도 하다.

마리아 스밀리오스의 《검은 천사들: 결핵 치료에 이바지한 간호사들의 숨겨진 이야기The Black Angels: The Untold Story of the Nurses Who Helped Cure Tuberculosis》도 특히 인상 깊다. 요양소의 삶과 함께 결핵 치료에 결정적인 역할을 한 흑인 간호사들의 놀라운 이야기를 전한다.

미생물이 역사를 어떻게 바꾸었는지에 관심 있는 분께는 프랭크 M. 스노든의 《감염병과 사회: 페스트에서 현대까지Epidemics and Society: From the Black Death to the Present》(국내 출간명은 《감염병과 사회: 페스트에서 코로나19까지》)를 권한다. 나는 이 책을 통해 처음으로 결핵의 낭만화라는 개념을 접했다. 흑사병부터 에이즈, 팬데믹에 이르기까지 폭넓게 다루며, 지금도 종종 다시 펼쳐보는 책이다.

시에라리온의 역사를 더 알고 싶다면 조 A. D. 알리Joe A. D. Alie의 《시에라리온의 새로운 역사A New History of Sierra Leone》를 추천한다. 시에라리온 내부의 시각에서 자국의 역사를 조명한 귀한 저작이다.

이 책에 사용된 기대수명, 빈곤율 등 많은 인구통계 자료는 온라인 '데이터로 본 세계Our World in Data'(http://ourworldindata.org)에서 얻었다. 데이터로 본 세계의 작업 덕분에 이 책을 비롯한 수많은 저작이 한층 풍부해질 수 있었다. 세계보건기구가 매년 발간하는 〈세계결핵보고서Global TB Reports〉를 비롯한 다양한 통계와 역학 자료들도 적극적으로 참고했다. 데이터를 좋아하시는 분이라면 특히 흥미로

울 것이다.

결핵과 건강의 사회적 결정요인을 이해하고 싶다면 폴 파머의 〈사회과학자들과 새로운 결핵Social Scientists and the New TB〉을 꼭 읽어보시길 바란다. 이 논문은 온라인에서도 확인할 수 있고, 저서 《감염과 불평등: 현대의 전염병Infections and Inequalities: The Modern Plagues》[국내 출간명 동일]에도 수록되어 있다.

요양소 시대를 이해하는 데 도움이 되는 회고록으로는 C. 게일 퍼킨스C. Gale Perkins의 《아기의 십자가: 결핵 생존자의 회고록The Baby's Cross: A Tuberculosis Survivor's Memoir》을 강력히 추천한다. 또 글로리아 패리스Gloria Paris의 《요양소의 아이: 결핵 생존과 평생 장애에 대한 회고록A Child of Sanitariums: A Memoir of Tuberculosis Survival and Lifelong Disability》도 함께 읽어볼 만하다. 두 책 모두 결핵을 앓으며 자라온 이들의 생생한 증언으로, 불치병과 완치병의 경계에 놓였던 시기를 진솔하게 기록하고 있다. 셜리 모건Shirley Morgan의 짧은 역사서 《있잖아, 일기장아. 나 결핵에 걸렸어: 1918년 10대 소녀의 요양소 경험을 추적하며Well Diary, I Have Tuberculosis: Researching a Teenager's 1918 Sanatorium Experience》도 감명 깊었다. 에벌린 벨락Evelyn Bellak의 일기라는 관점을 통해 요양소 생활을 생생히 보여준다.

결핵 시대를 이해하는 데 결정적 도움을 받은 책은 실라 M. 로스먼의 뛰어난 저서 《죽음의 그림자 속에 산다는 것: 미국 역사 속 결핵과 질병의 사회적 경험Living in the Shadow of Death: Tuberculosis and the Social Experience of Illness in American History》이다. 부제가 워낙 길어 지루하리라

짐작되겠지만, 생동감과 통찰로 가득 차 있어서 전혀 지루할 틈이 없다.

루이 파스퇴르와 로베르트 코흐, 두 라이벌의 경쟁과 그들이 세운 과학 제국을 이해하기 위해 토머스 괴츠의 《치료제: 로베르트 코흐, 아서 코난 도일, 그리고 결핵 치료 정복기The Remedy: Robert Koch, Arthur Conan Doyle, and the Quest to Cure Tuberculosis》를 많이 참고했다. 연구가 탄탄할 뿐 아니라 이야기 역시 흥미진진하다.

결핵과 패션의 관계에 관심 있는 분께는 캐럴린 A. 데이의 《결핵 병약미: 아름다움, 패션, 질병의 역사Consumptive Chic: A History of Beauty, Fashion, and Disease》를 추천한다. 유튜브에서 영상 에세이를 제작하는 두 패션 역사가, 니콜 루돌프(@NicoleRudolph)와 애비 콕스(@AbbyCox)의 채널도 함께 보면 좋다.

18세기 의학과 환자와 의사 관계를 이해하는 데에는 바버라 두덴의 뛰어난 저서 《피부 아래의 여성: 18세기 독일의 한 의사의 환자들The Woman Beneath the Skin: A Doctor's Patients in Eighteenth-Century Germany》이 큰 도움이 되었다. 의학사에 관심 있는 분은 물론, 놀랍도록 독창적인 시각을 찾는 분께도 권해드릴 만하다.

뉴멕시코의 주 승격 과정과 결핵 요양지로서의 역사를 더 알고 싶다면 낸시 오언 루이스Nancy Owen Lewis의 《뉴멕시코에서 치료를 좇아서: 결핵과 건강을 향한 여정Chasing the Cure in New Mexico: Tuberculosis and the Quest for Health》을 읽어보시길 권한다.

결핵과 HIV의 관계를 비롯해 더 깊이 있는 탐구를 원한다면 크리스천 W. 맥밀런Christian W. McMillen의 《결핵 발견하기: 1900년부터 오늘날까지의 세계사Discovering Tuberculosis: A Global History, 1900 to the Present》도 훌륭한 자료다.

우리가 수 세기 동안 '좋은 죽음'을 어떻게 상상해 왔는지를 이해하고 싶다면 필리프 아리에스Philippe Ariès의 《우리 죽음의 시간The Hour of Our Death》을 추천한다. 대단히 인상적인 독서 경험이었다.

현대의 보건 자원이 어떻게 불평등하게 분배되고 있는지를 포함해 세계 보건체계 전반을 이해하고 싶다면 조이아 무케르지 박사의 《세계 보건의료 입문: 실천, 형평성, 인권An Introduction to Global Health Delivery: Practice, Equity, Human Rights》을 읽어보시길 바란다.

마지막으로, 파트너스 인 헬스의 역사와 약제내성 결핵에 대한 활동을 더 알고 싶다면 트레이시 키더의 감동적인 책 《산 너머 또 다른 산: 세상을 치유하려 한 폴 파머 박사의 여정Mountains Beyond Mountains: The Quest of Dr. Paul Farmer, a Man Who Would Cure the World》(국내 출간명은 《꿈은 삶이 된다: 지치지 않고 꿈을 실현한 청년의사 폴 파머 이야기》)를 꼭 읽어보시길 바란다. 내가 읽은 책 중 가장 중요하면서도 깊은 울림을 준 책이다.

감사의 말

먼저 아낌없이 시간을 내어 이야기를 들려준 헨리 라이더와 아이사투 라이더에게 감사드린다. 두 분이 베풀어준 우정과 조언, 함께 나눈 웃음이 참으로 고마웠다. 시에라리온에서 감사드려야 할 분들을 모두 적자면 책 한 권 분량이 따로 나올 정도지만, 그중에서도 특히 고마움을 전하고 싶은 분들은 다음과 같다. 지룸 테페라 박사, 바일러 배리 박사, 존 래셔, 애슐리 캐플러, 마이클 매지 박사, 이사타 둠부야, 시에라리온 보건부 장관 오스틴 뎀비 박사다. 이분들의 전문성과 열린 태도에 진심으로 감사한다.

 이 책을 쓰면서 새로운 분들과 우정을 쌓을 수 있어서 아주 기뻤다. 특히 하버드 의대의 캐럴 미트닉 박사와의 인연이 뜻깊었다. 캐럴은 매 순간 인내심을 가지고 아낌없이 결핵과 그 배경에 놓인 제도들을 알려주었고, 이 책을 쓰는 작업을 꾸준히 응원해 주었다. 그리고 내가 결핵에 관심을 두기 시작했을 때 캐럴과 캐럴이 속한 커뮤니티는 나를 여러 전문가와 연결해 주었다. 덕분에 제니퍼 퓨린, 크리스토프 페랭, 살만 케샤브지, KJ 승, 메르세데스 베세라, 루치카 디티우, 아툴 가완디 등 수많은 분에게 배울 기회를 얻었다. 이상의 전문가들과 의료진들은 모두 따뜻하고 열정적으로 나를 맞아 주었다.

결핵을 이겨낸 생존자들에게도 감사드린다. 그분들을 만나서 많이 배울 수 있었다. 특히 푸메자 티실레와 한다 엥흐암갈란에게 깊은 감사를 전한다. 결핵 생존자와 시민단체들은 결핵 퇴치 운동의 심장과도 같다. 질병에 따른 낙인을 무릅쓰고 타인을 위해 목소리를 낸 이들의 용기에 깊이 감동했다. 또한 슈레야 트리파티에게도 감사한다. 슈레야가 아니었더라면 헨리는 이 세상에 없었을 테고, 물론 이 책도 쓰지 못했을 것이다.

출판사 측에도 고마움을 전한다. 특히 편집자 줄리 스트로스게이블에게 감사드린다. 2003년, 내가 첫 청소년 소설을 출간하고 계약할 당시만 해도 훗날 본인이 결핵 전문가가 될 줄은 상상도 못 했을 것이다. 20년째 함께해 온 펭귄랜덤하우스의 엘리스 마셜, 케이틀린 니프시, 애나 부스, 롭 패런, 내털리 빌카인드, 그레이스 한, 버네사 로블레스, 젠 로하, 헬런 부머, 킴 라이언에게도 고마움을 전한다. 언제나 든든한 나의 에이전트 조디 리머에게도 감사드린다. 이 책은 윌 프레이커의 집요한 사실 확인 덕분에 탄생할 수 있었다. 또한 초고를 읽어준 독자들, 특히 KJ 승, 캐럴 미트닉, 제니퍼 퓨린에게 감사드린다. 오류가 있다면 모두 내 책임이다.

이 책의 일부는 우리가 운영하는 제작사 컴플렉슬리와 함께 만든 영상에서 출발했다. 카림 하지, 메건 모다페리, 스탠 멀러가 본

프로젝트에 중요하게 이바지했다. 로지애나 홀스 로하스는 매 버전 원고를 모두 읽어주었다. 노스캐롤라이나 주 서부 지역 기록보관소의 수석 기록물관리사인 헤더 사우스는 나의 외종조부 스톡스에 관한 미스터리를 푸는 데 도움을 주었다. 앤디 브리지 박사는 귀중한 역사 자료를 건네주었다.

파트너스 인 헬스에서는 오필리아 달과 에이미 하위징에게 감사드린다. 이들은 2023년에 나와 함께 시에라리온을 방문했다. 개비 팔미, 레슬리 프라이데이, 개릿 윌킨슨, 짐 킴, 조이아 무케르지, 토드 매코맥, 린지 팔라수엘로스, 실라 데이비스, 맥스와 뎁 스톤, 그리고 파트너스 인 헬스 가족 전체에게 감사 인사를 전한다. 이 책은 어떤 면에서 우리의 오랜 친구 폴 파머에게 보내는 러브레터이기도 하다. 폴은 우리에게 길을 보여준 사람이었다.

결핵 퇴치를 위해 싸우는 다른 단체들도 내 열정에 큰 영향을 주었다. 국경없는의사회의 스테인 더보르흐라버, 살로니 프루하우프, 샤일리 굽타, 그리고 트리트먼트 액션 그룹의 린지 매케나, 마이크 프릭, 데이비드 브래니건에게도 감사를 전한다. 결핵에 대해 집요한 관심을 나누는 작가들, 특히 마리아 스밀리오스와 비디야 크리슈난에게도 감사드린다.

패션과 건강의 접점에 관해 연구하며 도움을 준 니콜 루돌프와 18세기와 19세기 코르셋 컬렉션을 보여주기 위해 집으로 초대해준 애비 콕스에게도 감사드린다.

마지막으로 친구와 가족에게도 고마움을 전한다. 이 책의 많은 부분은 친구들과 오래 대화를 나눈 끝에 나온 아이디어에서 비롯됐다. 특히 크리스와 머리나 워터스에게 감사를 전한다. 또 내 동생 행크, 네가 암에 걸렸다고 해서 내 결핵 운동이 방해되어서는 안 된다고 했지. 정말 사랑한다. 너라는 놀라운 혜성을 따라 빛날 수 있어서 아주 영광이야. 또한 우리 가족을 끝까지 지지해 주시는 부모님 시드니와 마이크 그린, 사랑하는 장인어른과 장모님 코니와 마셜 유리스트께도 감사드린다. 그리고 우리 앨리스와 헨리, 인생의 모든 일을 결핵과 연결 짓는 아빠를 언제나 참을성 있게 받아 줘서 고마워. 이 책은 세라 유리스트 그린의 지지와 편집적 통찰이 없었다면 세상에 나올 수 없었다. 세라는 나의 첫 번째 독자이면서 내가 가장 사랑하는 사람이자 의료 불평등과 결핵을 함께 이해해 나가는 여정의 진정한 동반자다.

마지막으로 우리의 온라인 커뮤니티 너드파이터리아Nerdfighteria, 특히 TB 파이터즈에도 감사의 마음을 전한다. 여러분의 집단적 행동으로 결핵 치료제와 진단 비용을 낮추었을 뿐 아니라, 내가 힘든 시기를 지날 때마다 연대의 힘이 얼마나 인간적인 위로가 될 수 있는지를 보여주었다. 여러분은 진정한 '어썸awesome'〔존 그린의 모토인 멋지게 사는 걸 잊지 마Don't forget to be awesome에서 비롯된 표현〕 그 자체다.

옮긴이의 말

"폴로, 폴로, 폴로."

수영장 안에서 아이들이 눈을 감고 소리친다. "마르코" 하고 부르면 보이지 않는 어딘가에서 응답이 돌아온다. "폴로." 이는 《모든 것이 결핵이다》 중반에 등장하는 '마르코, 폴로' 놀이 장면이다. 보이지 않아도 믿음을 갖고 서로를 부르고 응답하는 이 장면은 무엇을 의미할까?

'왜'인지 궁금해하는 인간의 근원적인 본능을 설명하기 위해 본문에 커트 보니것의 시 〈호랑이는 사냥해야 하고〉가 인용된다. 커트 보니것은 생전에 "후저Hoosier(미국 인디애나 주 사람) 중에는 좋은 작가가 많다"라고 말하곤 했다. 농담처럼 들리지만, 어쩌면 사실일지도 모르겠다. 인디애나 주 출신인 두 사람은 꽤 닮은 점이 있다. 보니것이 거대한 유머 속에서 인간에 대한 진실을 보여주었다면, 존 그린은 인간의 역사를 논하면서도 유머를 잃지 않으려 한다. 세대도 문체도 다르지만 둘 다 인간의 불완전함을 품은 언어로 세상을 이해하려는 것으로 보인다(비단 나 혼자만의 생각은 아니길 바란다).

존 그린은 '왜, 왜, 왜'를 처음부터 끝까지 되뇌며 인간이 '어떻게든 이해하려는 존재'임을 몸소 보여준다. 우리는 고통과 질병을 비롯해 서로를 어떻게든 이해하려 애쓴다. 완벽히 알지 못해도 이해했다고 스스로 납득시키며 살아갈 수밖에 없다. 그 믿음은 때로는 편견을 낳지만, 역설적으로 미래를 낙관하게 만드는 주문이 되기도 한다. 이 책은 그 불완전한 이해를 포기하지 않는 인간에 대한 찬가다.

결핵은 시대마다 각기 다른 렌즈를 통해 다른 이름으로 불려 왔다. '폐병' 혹은 '소모병'으로 시작해 급기야 '백사병'이라고까지 불리면서 가난과 쇠약, 때로는 낭만의 상징이 되기도 했다. 그러나 1882년 3월 24일('세계 결핵의 날'이기도 하다) 로베르트 코흐가 현미경 아래에서 결핵균이라는 '집요하고 끈질긴 작은 생명체'를 발견하면서, 이 병은 운명이나 미학의 영역이 아닌 감염병으로 인식되기 시작했다(아서 코난 도일은 '독살스러운 작은 미물'이라 불렀다). 그렇게 결핵은 이름을 바꾸어 가며 시대를 건너왔고, 오늘도 여전히 우리 곁에 남아있다. 하지만 결핵은 우리에게도 과거가 아니다. 우리나라에도 오래도록 깊은 그림자를 드리워왔다. 대한민국은 1996년 OECD에 가입한 이후 2022년까지 줄곧 결핵 발병률 1위를 기록하다가 2023년부터는 2위로 내려갔다(만일 콜롬비아가 2020년에 OECD에 가입하지 않았다면 여전히 1위였을 것이다). 결핵이 주로 발생하는 환자층을 살펴보면 65세 이상 고령층, 의료급여 수급자, 외국인 및 기타 취약계층에서 환자 비중이 높다. 이는 보건 통계일 뿐 아니라 우리 사회의 돌봄의 균열과 고립의 지표이기도 하다.

우리 문학과 영화 속에서도 결핵은 늘 함께 했다. 누구나 황순원의 《소나기》 속 병약한 소녀를 쉽게 떠올릴 것이다. 봉준호 감독의 영화 〈기생충〉 곳곳에도 오래된 은유의 흔적이 등장함은 말할 것도 없다. 결핵은 우리나라에서도 몸의 병이자 사회의 병이며, 우리가 서로에게 닿지 못하는 방식의 또다른 이름이었다.

그러나 존 그린에게 결핵은 순수한 병리학의 대상에 머무르지 않는다. 결핵은 인간의 조건이며, 세계와의 관계를 드러내는 상징이다. 그의 글은 의학사와 인류학, 문학과 윤리, 신학과 공중보건의 경계를 넘나든다. 작가는 병의 기원을 더듬으면서도 그 병을 둘러싼 두려움과 사랑, 누군가가 누군가를 구하려 애쓴 이야기들을 함께 쓴다. 그의 문장 속에서 병은 단순히 질환이 아니라 관계의 언어가 된다. 그래서 존 그린은 통계 대신 얼굴을 그리고, 역학 대신 이름을 부른다. 분노와 연민, 슬픔과 유머가 한 문장 안에 공존하지만, 절망에만 머물러 있지 않는다. 병을 통과하면서도 인간이 서로를 돕는 능력이 있다는 사실을 끝내 믿는 목소리, 그것이 존 그린의 목소리다.

이런 신념은 한 소년의 이야기로 이어진다. 시에라리온 소년 헨리는 결핵 병원 침상에 누워 있었지만 환자이기 이전에 한 사람으로 존재했다. 지룸 박사는 끝까지 헨리를 포기하지 않았고, 헨리 역시 자신을 포기하지 않았다. 존 그린은 그들의 관계를 통해 질병 한가운데서도 인간의 존엄과 유대가 어떻게 살아남는지를 보여준다. 결핵이라는 몸의 병을 넘어 이 책은 인간의 상상력과 연대의 회복, 그리고 '하나의 인류'라는 감각을 되살리는 기록이다.

몇 달간 나의 모든 것은 《모든 것이 결핵이다》였다. 이 책을 우리말로 옮기는 동안 나는 존 그린이 쓴 문장 하나하나의 뿌리를 찾아가며 가급적 가까이 보려 노력했다. 작가의 문장을 제대로 옮기기 위해 그가 보고 듣고 느낀 세계를 함께 경험해 보고 싶었다. 본문에 언급된 책들과 인터넷 아카이브를 비롯해 여러 인터뷰 영상도 가능한 한 살펴보았고, 존 그린이 직접 녹음한 오디오북을 들었다. 책 곳곳에 등장하는 수많은 이름도 검색창에 넣어보았다. 그밖에 요양소를 배경으로 한 영화와 애니메이션도 흥미롭게 감상했다(헨리 라이더, 물론 당신의 유튜브 채널도 구독했어요!). 마침 최근에 미생물이나 질병에 대한 역사, 국제 보건활동 관련 도서가 잇달아 출간되고 있어 많은 참고가 되었다. 대한결핵협회, 대한결핵 및 호흡기학회, 질병관리청 등에서 펴낸 자료도 큰 도움이 되었다. 이러한 과정을 통해 정말 많은 것을 배울 수 있었다.

다시 '마르코, 폴로' 놀이로 돌아가 보자. 그 의미는 결국 이 책을 옮기는 과정에서 점차 선명히 다가왔다. 존 그린은 소설을 쓸 때면 철저히 혼자가 된다고 했다. 그러고 보니 번역할 때도 마찬가지인 듯하다. 작가와 역자와 독자는 서로를 완전히 볼 수는 없지만, 그럼에도 계속 불러본다. 언젠가 그 목소리가 닿을 것이라는 작은 희망을 품고서, 언젠가 응답이 돌아올 것이라 믿으면서.

존 그린은 《잘못은 우리 별에 있어》 같은 청소년 소설을 발표할 때만 해도 언젠가 결핵을 이야기하는 논픽션을 쓰게 되리라곤 상상하지 못했다고 한다. 나 역시 몇 해 전부터 그의 유튜브 채널 '크래시 코스'를 즐겨 봤으면서도 이렇게 그의 책을 번역하게 될 줄은 몰랐다. 그런데 때로는 책이 사람을 먼저 찾아오기도 한다. 이해할 수 있는 영역을 넘어선 어딘가에서, 예기치 않은 순간에 꼭 필요한 이야기가 손에 쥐어진다. 이 책은 내게 그런 식으로 다가왔던 것 같다.

우리는 완전하지 않더라도 서로를 이해하려 애쓰며 살아간다. 그것이 아마 작가가 전하고자 하는 인간적인 진실 아닐까. 놀라운 우연을 한데 모아 기회로 만들어 주신 모든 분께 깊이 감사드린다.

"마르코, 마르코, 마르코."

정연주

도판·인용 출처

- **22쪽** 헨리 라이더 사진 ⓒ 2019 by John Green. Courtesy of John Green.
- **43쪽** 〈니키-로사〉 *Black Feeling, Black Talk, Black Judgment* ⓒ 1968, 1970 by Nikki Giovanni. Used with the permission of HarperCollins Publishers.
- **80쪽** 〈호랑이는 사냥해야 하고〉 *Cat's Cradle* ⓒ 1963 and copyright renewed ⓒ 1991 by Kurt Vonnegut, Jr.
- **93쪽** 〈수세미꽃 피네〉, 〈기침의 고통〉 by Masaoka Shiki, translated by Janine Beichman.
- **93~94쪽** 〈눈이 내린다!〉, 〈생각만 할 뿐〉 by Masaoka Shiki, translated by Ad Blankestijn.
- **97쪽** 〈여름 공기처럼 조용히 다가오는 발걸음〉 *Pulmonary Consumption* by Henry Gilbert, 1842.
- **99쪽** 〈그 여자는 사랑을 말한 적 없었네〉 an albumen silver print from glass negative by Henry Peach Robinson, 1857. Courtesy of the Met Museum, Gilman Collection, Purchase, Jennifer and Joseph Duke Gift, 2005.
- **99쪽** 〈스러져 가는〉 a combination print by Henry Peach Robinson, 1858. Courtesy of the George Eastman Museum via WikiMedia Commons.
- **123쪽** 〈엄마, 당신은 특별하고 아름다워요〉 ⓒ 2025 by Henry Reider. Courtesy of Henry Reider.
- **136쪽** WPA Federal Art Project, between 1936 and 1941. Courtesy of the Library of Congress, Prints & Photographs Division, WPA Poster Collection, LC-USZC2-5369 (color film copy slide).
- **216쪽** 〈황금 도끼〉 ⓒ 2025 by Henry Reider. Courtesy of Henry Reider.
- **254쪽** 헨리 라이더 사진 ⓒ 2025 by Henry Reider. Courtesy of Henry Reider.

모든 것이 결핵이다
희망과 비극의 의학사

1판 1쇄 2025년 12월 8일

지은이 | 존 그린
옮긴이 | 정연주

펴낸이 | 류종필
편집 | 노민정, 이정우, 권준, 이은진
경영지원 | 홍정민
표지 디자인 | 석운디자인
본문 디자인 | 이미연

펴낸곳 | (주)도서출판 책과함께
　　　주소 (04022) 서울시 마포구 동교로 70 소와소빌딩 2층
　　　전화 (02) 335-1982
　　　팩스 (02) 335-1316
　　　전자우편 prpub@daum.net
　　　블로그 blog.naver.com/prpub
　　　등록 2003년 4월 3일 제2003-000392호

ISBN 979-11-94263-83-8 03300